westermann

fit fürs abi EXPRESS

Deutsch

W0276888

Test

fit fürs abi EXPRESS

Deutsch

Autoren:
Katrin Jacobs
Petra Tonsky-Katzer
sowie Helmut Lindzus

westermann GRUPPE

© 2019 Georg Westermann Verlag
www.westermanngruppe.de

Das Werk und seine Teile sind urheberrechtlich geschützt. Jede Nutzung in anderen als den gesetzlich zugelassenen Fällen bedarf der vorherigen schriftlichen Einwilligung des Verlages.
Für Verweise (Links) auf Internet-Adressen gilt folgender Haftungshinweis: Trotz sorgfältiger inhaltlicher Kontrolle wird die Haftung für die Inhalte der externen Seiten ausgeschlossen. Für den Inhalt dieser externen Seiten sind ausschließlich deren Betreiber verantwortlich. Sollten Sie daher auf kostenpflichtige, illegale oder anstößige Inhalte treffen, so bedauern wir dies ausdrücklich und bitten Sie, uns umgehend per E-Mail davon in Kenntnis zu setzen, damit beim Nachdruck der Verweis gelöscht wird.

Bildnachweis:
Wir arbeiten sehr sorgfältig daran, für alle verwendeten Abbildungen die Rechteinhaberinnen und Rechteinhaber zu ermitteln. Sollte uns dies im Einzelfall nicht vollständig gelungen sein, werden berechtigte Ansprüche selbstverständlich im Rahmen der üblichen Vereinbarungen abgegolten.

Druck A[1] / Jahr 2019
Alle Drucke der Serie A sind im Unterricht parallel verwendbar.

Redaktion: imprint, Zusmarshausen
Illustration auf Seite 115: Matthias Berghahn
Kontakt: finale@westermanngruppe.de
Layout und Umschlaggestaltung: tiff.any, Berlin
Umschlagfoto: shutterstock/Igor Bulgarin
Druck und Bindung: westermann druck GmbH, Braunschweig

ISBN 978-3-7426-**0112**-4

SO FUNKTIONIERT'S

Fit fürs Abi Express Deutsch hilft Ihnen, alle prüfungsrelevanten Themen schnell und effektiv zu wiederholen. Sie finden hier einen **kompakten Überblick** des gesamten Abiturstoffs, mit dem Sie Ihre Wissenslücken rasch schließen können.

Schlagen Sie einfach diejenigen Themenbereiche nach, in denen Sie sich noch nicht ganz sattelfest fühlen. Es ist nicht nötig, das Buch von vorne nach hinten durchzuarbeiten. Jedes Kapitel steht für sich und behandelt einen anderen Fachbereich der Prüfung.

Bei der Zusammenstellung der Kapitel wurden Lernbereiche, Inhalte, Themen, Aufgabenformate sowie Aufgabenstellungen berücksichtigt, die in allen Lehrplänen und Richtlinien so oder in ähnlicher Form Gegenstand des Deutschunterrichts der Sekundarstufe II sind. Die Bundesländer setzen ggfs. jeweils einen anderen Schwerpunkt; auf den Seiten Ihres Schulministeriums finden Sie konkrete Hinweise auf die jeweiligen Vorgaben für die aktuell anstehende Abiturprüfung.

Folgende Aufgabenformate wurden sowohl in der „Aufgabensammlung zur Orientierung" als z. T. auch in den bundeslandübergreifenden „Aufgabenpools" für 2017 und 2018 angeboten: Interpretation literarischer Texte, Analyse pragmatischer Texte, Erörterung pragmatischer Texte, Erörterung literarischer Texte sowie Materialgestütztes Schreiben. Informationen hierzu: www.iqb.hu-berlin.de/abitur, www.iqb.hu-berlin.de/abitur/pools2018/deutsch und www.iqb.huberlin.de/abitur/sammlung/deutsch

Das Buch enthält zahlreiche **Merkkästen** und **Abi-Tipps**, die Ihnen das Lösen der Prüfungsaufgaben erleichtern. Mithilfe der **Checklisten** am Ende jedes Kapitels können Sie Ihren eigenen Kenntnisstand überprüfen. Vor allem die im Text **fett** oder *kursiv* **gedruckten Begriffe** sollen Sie an die wichtigsten Schlagworte erinnern – gehen Sie sicher, dass Sie diese verstanden haben und gegebenenfalls auch ausführlicher erklären können. Dies ist insbesondere für eine mündliche Prüfung sehr wichtig.

Passend zum Buch gibt es eine **App mit interaktiven Multiple-Choice-Aufgaben**. Mit dieser App können Sie alle wichtigen Themen aus dem Buch aktiv und in motivierender Form trainieren. Sie erhalten die kostenlose App auf www.westermann.de/fit-fuers-abi-express.

Viel Erfolg für die Prüfung wünschen Ihnen
Katrin Jacobs und Petra Tonsky-Katzer

INHALTSVERZEICHNIS

ANALYSIEREN UND INTERPRETIEREN 3

ERÖRTERN/ARGUMENTIEREN 4

MATERIALGESTÜTZTES SCHREIBEN 5

STICHWORTVERZEICHNIS

1

TENDENZEN DER LITERATURGESCHICHTE

Die deutsche Literaturgeschichte umfasst einen Zeitraum von ca. 1250 Jahren. Dieser Zeitraum wird üblicherweise in sogenannte **Literaturepochen** unterteilt, jedoch ist dieses Vorgehen nicht immer unumstritten. Teilweise gibt es Überschneidungen und Zweifelsfälle der Zuordnung von Autoren und Werken. Dennoch ist die Einteilung eine praktikable Lösung, ordnend und auch kritisch das literarische Geschehen überschaubar in den Blick zu nehmen. Insbesondere die Verknüpfung mit politischen, zeitgeschichtlichen, gesellschaftlichen und künstlerischen Vorstellungen der jeweiligen Zeit hilft bei der Betrachtung von literarischen Werken.

Barock (ca. 1600–1730)

KENNZEICHEN DER EPOCHE

Die Bezeichnung Barock ist abgeleitet vom port. *barucco* (*schiefrunde Perle*).

- → Stilbegriff in der Musik und bildenden Kunst; erst später auf die Literatur übertragen und als europäischer Epochenbegriff verwandt
- → erst abwertend im Sinne von überladen, schwülstig
- → geprägt von scharfen Gegensätzen → **dualistisches Weltbild**

Historisch-gesellschaftlicher Hintergrund

- Luthers Thesen an der Schlosskirche in Wittenberg: Beginn des Gegensatzes der protestantischen und katholischen Staaten in Deutschland; religiöse Auseinandersetzung zwischen Reformation und Restauration
- 1618–1648: Dreißigjähriger Krieg
- Idee des zentralistischen Absolutismus als staatliche Organisationsform
- Feudalstaaten
- Ständegesellschaft

- Merkantilismus stärkt das Bürgertum
- die städtische Bevölkerung (Bürgertum) entwickelt sich zum wichtigen Kulturträger

Weltbild, Menschenbild, Lebenskonzept

- Dualismus: Jenseitshoffnung (*memento mori, vanitas-Gedanke*) und Diesseitsorientierung (*carpe diem*)
- Ordo-Gedanke des Mittelalters: Einheit von Gott und Mensch; weltliches Leben als Spiegel der göttlichen Heilsordnung
- weitreichende Veränderungen in allen Bereichen gesellschaftlichen Lebens durch heliozentrisches Weltbild

Kunst und Literatur

- Strenge der Form (*Sonett*), um dem politisch-gesellschaftlichen Chaos entgegenzuwirken
- Regelpoetik
- Sprachgesellschaften zur Pflege der deutschen Sprache sowie Stärkung des Deutschen als Nationalsprache
- Höfische Dichtung = Repräsentationsdichtung
- vorherrschend Lyrik: Sonett, Ode
- Emblem (*Zusammensetzung aus Bild und Text*) als eigene Kunstform
- Schelmenromane

Themen und Motive

- allgemein: die Widersprüchlichkeit der Zeit, ihr Dualismus, ihre Spannungen: Lebenslust ⇔ Todesangst; absolutistische Prachtentfaltung ⇔ menschliches Elend; höfische Kultur ⇔ Erstarken des bürgerlichen Standesbewusstseins
- Tod, Leid, Zerstörung, Entfremdung, Glauben(skraft),
- Vanitas (*Eitelkeit, Vergänglichkeit*)
- Memento mori (*sei allseits des Todes eingedenk*)
- Carpe diem (*nutze den Tag*)

Autoren und Werke

- Martin Opitz: *Buch von der deutschen Poeterey* (1624)
- Grimmelshausen: *Der Abenteuerliche Simplicius Simplicissimus*
- Lyriker: Simon Dach, Paul Fleming Paul Gerhard Andreas Gryphius, Catharina Regina von Greiffenberg, Christian Hofmann von Hofmannswaldau, Philipp von Zesen

Abi Tipp

SONETT

In der Regel bekommen Sie die Analyse eines Gedichts vorgelegt: Denken Sie daran, dass das Sonett in seiner strengen Anlage der antiken Rhetorik folgt: Es beginnt mit einer These (1. Vers des 1. Quartetts), leitet über zu den Exempla (Beispielen), die die These stützen, endet mit einer Conclusio (i. d. R. letzter Vers/letzte Verse des 2. Terzetts). Quartette und Terzette sind durch eine formale wie inhaltliche Zäsur voneinander geschieden.

Beispiel für Analyseschritte zu einem Gedicht aus dem Barock

Andreas Gryphius

Thränen des Vaterlandes

	Anno 1636. [1]
These	WIr[2] sind doch nunmehr gantz ja mehr denn gantz verheeret! [3]
Exempla 1. Strophe: allg. Ist-Zustand des Landes	Der frechen Völcker Schaar die rasende Posaun [4] Das vom Blutt fette Schwerdt die donnernde Carthaun Hat aller Schweiß und Fleiß und Vorrath auffgezehret. [5]
2. Strophe: Perspektivverengung in eine Stadt hinein	Die Türme stehn in Glutt die Kirch ist umgekehret. [6] Das Rathauß ligt im Grauß die Starcken sind zerhaun Die Jungfern sind geschänd't und wo wir hin nur schaun [7] Ist Feuer Pest und Tod der Hertz und Geist durchfähret. [8]
3. Strophe: Konkreter Ort: die Stadt und ihre Belagerungswälle	Hir durch die Schantz und Stadt rinnt allzeit frisches Blutt. [9] Dreymal sind schon sechs Jahr als unser Ströme Flutt [10] Von Leichen fast verstopfft sich langsam fort gedrungen
4. Strophe: Zusammenfassung und Überleitung zur Hauptaussage (V. 14)	Doch schweig ich noch von dem was ärger als der Tod [11] Was grimmer denn die Pest und Glutt und Hungersnoth [12]
Conclusio	Das auch der Seelen Schatz so vilen abgezwungen. [13]

Fassung von 1663

An diesem Beispiel soll exemplarisch gezeigt werden, warum literaturhistorisches Wissen, auch wenn es im Abitur nicht direkt abgefordert wird, dennoch von Nutzen ist – als unverzichtbares Hintergrundwissen.

① Titelassoziationen. Mitten im Krieg
② Lyrisches „Wir": Alle werden angesprochen, mit gemeint.
③ Correctio; Doppeldeutigkeit des Partizips: a) verheerend, b) von vielen Heeren okkupiert
④ Akkumulation von aussagekräftigen Adjektiven; Synechdochen: Posaun, Schwerdt, Carthaun: stehen für den Krieg/das Kriegsgeschehen
⑤ Trikolon in Form einer Klimax: völliger Erschöpfungszustand der Menschen, Verlust von Mut und Energie, Hunger
⑥ Akkumulation von Synechdochen, die für die Stadttürme, die Verwaltung, die Obrigkeit stehen; selbst die sind verwüstet, verstorben. „Die Kirch ist umgekehret": Der ehemals als Religionskrieg begonnene Dreißigjährige Krieg hat sich gewandelt; christliche Werte zählen nicht mehr. Ausdrucksstarke Bilder der Apokalypse
⑦ überall, es gibt keinen Frieden, keine Schönheit, kein lebenswertes Umfeld
⑧ Wiederum Klimax (apokalyptische Bilder), die das Innerste des Menschen berühren und ihn psychisch destabilisieren.
⑨ Ewigkeitsformel: allzeit; expressives Bild des rinnenden Blutes als unversiegbarer Strom
⑩ konkrete Zeitangabe, um noch einmal die Zeitlosigkeit und Endlosigkeit des Grauens des Krieges hervorzuheben; durch das Possessivpronomen „unser" direkter Bezug zum lyrischen Ich und zur Leserschaft
⑪ Hinauszögerung der zentralen Aussage: Spannungsaufbau
⑫ „grimmer": absoluter Komparativ, der grammatikalisch nicht korrekt aufgelöst wird; weiteres Trikolon zur zusammenfassenden Darstellung des Kriegsgeschehens: Epidemie, Brände und Zerstörungen, Hunger
⑬ Klage über den Verlust der Seele, des Glaubens, der Menschlichkeit

BAROCK — Checkliste

- → Auswirkungen des Dreißigjähriger Kriegs
- → Vorstellung des *ordo*-Gedankens
- → dualistisches Weltbild
- → Leitmotive: *vanitas, memento mori, carpe diem*
- → vorherrschende Lyrik-Gattung: Sonett
- → Regelpoetik des Martin Opitz'
- → höfische Lieratur
- → Sprachgesellschaften

Aufklärung (ca. 1700–1800)

KENNZEICHEN DER EPOCHE

- geprägt durch Neuausrichtungen in der europäischen Philosophie
- Reflex auf bahnbrechende Veränderungen in Technik, Wissenschaft, Ökonomie und Politik
- **Emanzipation des Bürgertums**: Anspruch auf Entfaltung der Persönlichkeit, auf Vorrang eigener Leistung, Leistungsfähigkeit und Leistungsbereitschaft, Ausbildung eines eigenen Wertekanons
- Überschneidung divergierender Phänomene als Charakteristikum von Zeiten des Umbruchs: Innerhalb der Epoche der Aufklärung existieren die literarischen Strömungen der *Empfindsamkeit* und des *Sturm und Drang*

Historisch-gesellschaftlicher Hintergrund

- Friedrich der Große (1740–1786)
- 1756-1763 Siebenjähriger Krieg
- 1755 Erdbeben von Lissabon
- 1776 Unabhängigkeitserklärung in Virginia, USA: Menschen- und Bürgerrechte werden verankert
- 1789 Französische Revolution: bürgerlicher Verfassungs- und Nationalstaat anstelle des feudal-absolutistischen dynastischen Staates
- aufgeklärter Absolutismus: Fürst als „erster Diener" des Staates
- weiterhin Kleinstaaterei in Deutschland
- Bürgertum beginnt sich zu emanzipieren und gewinnt an Bedeutung in ökonomischer und kultureller Hinsicht
- allmähliche Durchsetzung der allgemeinen Schulpflicht

Weltbild, Menschenbild, Lebenskonzept

- Entwicklung eines Konzepts, das auf Vernunft (Rationalismus), sinnlicher Wahrnehmung (Sensualismus, Pietismus) und Erfahrung (Empirismus) beruht
- Wegbereiter: *Newton, Bacon, Spinoza, Leibniz, Locke,*
- Begründung der neuzeitlichen Philosophie durch *Descartes: „Cogito ergo sum"* (Ich denke, also bin ich): Das ICH gerät in den Fokus des Denkens, damit verbunden der

- Autonomie-Gedanke: Selbst- und Mitbestimmung
- gestützt durch Immanuel Kant: „*Habe Mut, dich deines eigenen Verstandes zu bedienen.*"
- Loslösung von Autoritäten nach Kant: „ *Aufklärung ist der Ausgang des Menschen aus seiner selbst verschuldeten Unmündigkeit.*"
- Säkularisierungsprozess: Religions- und Kirchenkritik
- Zeitalter der Naturwissenschaften: Erkenntnisse durch Zweifel, Fortschritt durch Forschen
- Erziehung des Menschen: Lernen und Bildung, Anleitung zu selbstständigem Denken
- Menschenbild einer angeborenen Humanität; Toleranzgedanke

Kunst und Literatur

- Universallexika (z. B. *Enzyklopädie* von *Diderot* mit 35 Bänden) als Darstellung des Wissens der Zeit
- Die Kunst steht im Dienste der Aufklärung/der Erziehung des Menschen.
- deutlich erweitertes Lesepublikum durch Schulbildung; erheblich größerer Markt für Publikationen aller Art
- Aufgabe von Dichtung: *prodesse et delectare* (nützen und erfreuen)
- Didaktische Literatur, Lehrdichtung, Parabeln und Fabeln
- Gottsched: *Versuch einer Critischen Dichtkunst* (1730): ästhetische Regeln für die Dichtung in Nachahmung der Natur
- Bürgerliches Trauerspiel (Lessing): Wegfall der Ständeklausel; Prosa statt Versdichtung, „gemischte Charaktere"

Themen und Motive

- Licht als Metapher für Aufklärung, Erkenntnis
- Autoritätskonflikte, Auseinandersetzung Individuum und gesellschaftliche Normen: vor allem Dichotomie Adel-Bürgertum
- bürgerlicher Tugendkatalog und Wertekanon in Abgrenzung zum Adel; bürgerliche Sekundärtugenden wie Leistungsbereitschaft, Pflichtbewusstsein, Verlässlichkeit, Aufrichtigkeit, Ehrlichkeit, Toleranz, tugendhafte Lebensführung, christliche Grundeinstellung ...
- Fabeln und Parabeln als Lehrdichtung für menschliches Verhalten
- Gedanke der Toleranz (aus der Vernunft abgeleitet) → Akzeptanz anderer Religionen, siehe Lessings „*Nathan der Weise*"

Autoren und Werke

- Barthold Heinrich Brockes, Matthias Claudius, Georg Christoph Lichtenberg, Christoph Martin Wieland, Gotthold Ephraim Lessing: *Miss Sara Sampson*, *Emilia Galotti*, *Nathan der Weise*

Imanuel Kant

Beantwortung der Frage: Was ist Aufklärung?

Aufklärung ist der Ausgang des Menschen aus seiner selbst verschuldeten Unmündigkeit. Unmündigkeit ist das Unvermögen, sich seines Verstandes ohne Leitung eines anderen zu bedienen. Selbstverschuldet ist diese Unmündigkeit, wenn die Ursache derselben nicht am Mangel des Verstandes, sondern der Entschließung und des Mutes liegt, sich seiner ohne Leitung eines anderen zu bedienen. Sapere aude! Habe Mut dich deines eigenen Verstandes zu bedienen! ist also der Wahlspruch der Aufklärung.
Faulheit und Feigheit sind die Ursachen, warum ein so großer Teil der Menschen, nachdem sie die Natur längst von fremder Leitung frei gesprochen (naturaliter maiorennes), dennoch gerne zeitlebens unmündig bleiben; [...]. Es ist so bequem, unmündig zu sein. [...] Daß der bei weitem größte Teil der Menschen [...] den Schritt zur Mündigkeit, [...] auch für sehr gefährlich halte: dafür sorgen schon jene Vormünder, die die Oberaufsicht über sie gütigst auf sich genommen haben. Nachdem sie ihr Hausvieh zuerst dumm gemacht haben und sorgfältig verhüteten, daß diese ruhigen Geschöpfe ja keinen Schritt außer dem Gängelwagen, darin sie sie einsperrten, wagen durften, so zeigen sie ihnen nachher die Gefahr, die ihnen droht, wenn sie es versuchen allein zu gehen.

---

https://gutenberg.spiegel.de/buch/beantwortung-der-frage-was-ist-aufklarung-3505/1 [Zugriff: 19.5.2019]

AUFKLÄRUNG — Checkliste

- → Französische Revolution 1789
- → Descartes: *cogito, ergo sum*
- → Kant: habe Mut, dich deines eigenen Verstandes zu bedienen!
- → Autonomie-Gedanke
- → Toleranz-Gedanke
- → Vernunft/Ratio als zentraler Begriff
- → Säkularisierung
- → Stärkung des bürgerlichen Selbstbewusstseins
- → Funktion der Literatur: Erziehung, Lehrdichtung, z. B. *Nathan der Weise*
- → Lessing: Bürgerliches Trauerspiel

Empfindsamkeit/Sturm und Drang (ca. 1740–1785)

KENNZEICHEN DIESER LITERARISCHEN STRÖMUNGEN

- anknüpfend an das Gedankengut der **Aufklärung**: Freiheit von Bevormundung, Recht auf subjektive Entfaltung
- Zunächst in England, unter dem Primat des **Pietismus** (*Bewegung der Erneuerung des Protestantismus*), bildet sich die literarische Strömung der *Empfindsamkeit* heraus, die dem Primat der Vernunft Subjektivität und Gefühl an die Seite stellt; beides, *ratio* und *emotio*, werden als Einheit des Menschen begriffen. „**Herz**" und „**empfindsam**" werden Modewörter der Zeit.
- Die Jugendbewegung der literarischen Strömung des **Sturm und Drang** (benannt nach einem Drama von Friedrich Maximilian Klinger; nur in Deutschland existent) radikalisiert den Freiheits-, Gefühls- und Natur-Enthusiasmus und löst sich von der Regelpoetik der Aufklärung.

ZENTRALE BEGRIFFE

Von **Epoche** spricht man,

- wenn es sich um eine längere Zeitspanne handelt,
- wenn sie bedeutend für die Literaturgeschichte ist.

Literarische Strömungen sind Richtungen innerhalb einer Epoche, die auch heterogen sein – und parallel nebeneinander verlaufen können. Sie umfassen meist nur eine kurz Zeitphase.

Historisch-gesellschaftlicher Hintergrund

- siehe *Aufklärung* (Seite 10)

Weltbild, Menschenbild, Lebenskonzept

- Fokussierung auf die Seele des Menschen und seine Gefühlskultur als Gegengewicht zur Vernunftbetonung der Aufklärung
- nachdrückliches Erleben von Natur und Liebe, geschärft durch besondere Sensibilität
- Ausleben des Freundschaftskultes
- Gefühlsintensität als vorherrschendes Thema der Literatur
- Geniebegriff, orientiert an Shakespeare: Originalität, Authentizität, Kreativität
- Selbstbestimmung und Freiheit des Einzelnen
- Verabsolutierung des ICH
- Rebellion gegen jede Art von Autorität
- Aufbegehren gegen staatliche Willkür

Kunst und Literatur

- allgemein: Abkehr von den den Dichter einengenden Regeln (siehe *Erlebnislyrik*, siehe *Bürgerliches Trauerspiel bzw. Familiendramen*)
- der Dichter als Schöpfer, als Originalgenie (Vorbild: Shakespeare)
- authentische Sprache, keine Kunstsprache: spontan, emotional, gefühlsintensiv (Interjektionen, elliptische Sätze, rhetorische Fragen), bildhaft (auch Neologismen), oft sakrale Begriffe als Hyperbeln (ewig, himmlisch, göttlich), milieugebundenes Sprechen
- Rückgriff auf vermeintliche Volksdichtung: Herder; Lied und Ballade
- *Wertherfieber*: Goethes Briefroman *Die Leiden des jungen Werther* als Schlüsseltext sowohl der Empfindsamkeit als auch des Sturm und Drang
- Goethes Rollengedicht *Prometheus* als programmatische Dichtung des Sturm und Drang, sowohl inhaltlich als auch formal; lt. Goethes Anweisung immer mit dem Komplementärgedicht *Ganymed* abzudrucken
- Erlebnislyrik Goethes: unmittelbares, subjektives, kurzes, oft biografisch belegtes Erlebnis steht im Mittelpunkt
- gesellschaftskritische Lyrik (Bürger, Claudius, Schubart)
- Familiendramen: Wegfall der Ständeklausel, oft Vernachlässigung der drei Einheiten des Aristoteles (Ort, Zeit, Handlung), Prosa statt Versform, gesprochene Sprache statt Kunstsprache
- Briefroman, Tagebuch als Träger der Gefühlskultur

Themen und Motive

- Kraftkerl, Naturmensch, Genie
- Rebellion, Auflehnung, Freiheitsdrang
- *Pantheismus-Gedanke*: Gott ist überall in der Natur zu finden, Vorstellung eines Weltganzen, einer Einheit von Natur, Mensch und All
- Naturdarstellung als Widerspiegelung der Seele
- zentrale Begriffe: Herz, Seele
- Auseinandersetzung mit moralischen Werten des Adels, der Gesellschaft (*Die Leiden des jungen Werther, Kabale und Liebe, Die Soldaten, Der Hofmeister, Die Räuber, Die Kindermörderin*)
  Diese Auseinandersetzung basiert auf der sich manifestierenden Dichotomie Adel vs. Bürgertum, wenn auch das Bürgertum noch keine stabile soziale Schicht darstellt. Bürgerliche Werte sind: Aufrichtigkeit, Ehrlichkeit, Authentizität Tugendhaftigkeit, Leistung.
- Bruderzwist (*Julius von Tarent, Die Zwillinge, Die Räuber*)
- Vater-Tochter-Konflikt (*Kabale und Liebe, Die Kindermörderin, Die Soldaten*)
- Vater-Sohn-Konflikt (*Die Räuber, Die Zwillinge, Julius von Tarent*)

Autoren und Werke

- *Empfindsamkeit*: Ludwig Hölty, Johann Wolfgang von Goethe *(Werther)*, Friedrich Gottlieb Klopstock
- *Sturm und Drang*:
  a) Lyrik: Gottfried August Bürger. Leonore, *Der Bauer an seinen durchlauchtigen Tyrannen*; Christian Friedrich Daniel Schubart, *Die Fürstengruft, Freiheitslied eine Kolonisten, Die Forelle*; Matthias Claudius: Der Krieg,
  b) Gottfried August Bürger, *Abenteuer des Freiherrn von Münchhausen*; Johann Wolfgang von Goethe, *Sesenheimer Lieder*; Johann Gottfried Herder, *Volkslieder*; Friedrich Maximilian Klinger, *Sturm und Drang*; Jakob Michael Reinhold Lenz, *Die Soldaten*; Friedrich Schiller, *Kabale und Liebe*; Christian Friedrich Daniel Schubart, *Freiheitslied eines Kolonisten*; Heinrich Leopold Wagner, *Die Kindmörderin*

Abi Tipp

LYRISCHES ICH UND DER BEGRIFF BÜRGERLICH

Lyrik: Auch wenn auffällige Parallelen zwischen der Biografie des Autors und dem lyrischen Ich herzustellen sind, verwechseln Sie nicht die Begriffe! Der Autor ist NIE das lyrische Ich! Literatur, auch wenn sie auf eigenen Erlebnissen beruht, bleibt immer Fiktion.

Dramatik: Das Wort *bürgerlich* in der Gattungsbezeichnung *Bürgerliches Trauerspiel* ist *nicht* in erster Linie soziologisch aufzufassen, sondern es handelt sich um eine Gesinnungsgemeinschaft, der Personen vom niederen Adel bis zum Bürgertum angehören können, die sich aber durch einen ausgeprägten Moralkodex vom Hochadel abzugrenzen suchen. Die Begriffe *Bürger* und *bürgerlich* werden zumeist als Synonyme für Mensch, menschlich, Privatmann, privat/häuslich verwendet. Inzwischen hat sich auch der Begriff *Familiendrama* etabliert. Der kulturelle Träger des bürgerlichen Trauerspiels ist das Wirtschafts- und Bildungsbürgertum in den Städten sowie der niedere Adel.

EMPFINDSAMKEIT/STURM UND DRANG — Checkliste

- Herz als zentrales Motiv der Literatur
- Briefromane, z. B. *Die Leiden des jungen Werther*
- Pietismus
- Geniegedanke
- Prometheus als programmatischer Text
- Originalität, Kreativität, Spontaneität als dichterische Antriebskräfte
- Handeln ist die Seele der Welt: Radikalisierung der Ideen der Aufklärung
- Freiheit des Geistes
- Abkehr von der Regelpoetik
- ausdrucksstarke Sprache
- Erlebnislyrik Goethes
- Familiendramen

Klassik, auch Weimarer Klassik (1785–1805)

KENNZEICHEN DER EPOCHE

- → abgeleitet vom lat. *classicus* (*ein Bevorzugter, jemand, der herausragt*)
- → analog dazu: Blütezeit der bildenden Kunst/Dichtung eines Volkes/einer Nation
- → analog dazu: zeitlos gültig, vorbildlich
- → Orientierung am Vorbild der **Antike**, für deutsche Klassiker der Inbegriff der Vollkommenheit
- → **„Weimarer Klassik"**, da vor allem Goethe und Schiller und ihr gemeinsames Wirken in Weimar als Höhepunkt gesehen werden
- → zeitlich begrenzt: Beginn mit Goethes erster Italienreise 1786, Endpunkt 1805 mit Schillers Todesjahr (seltener auch bis 1832 gerechnet, dem Todesjahr Goethes)

Historisch-gesellschaftlicher Hintergrund

- Weimar unter Herzogin Anna Amalia (1739–1807) und ihrem Sohn Carl August (1757–1828), Förderer von Kunst, Philosophie und Wissenschaft, als kulturelles Zentrum mit europäischer Ausstrahlung (seit 1999 UNESCO Weltkulturerbe)
- 1775 kommt Goethe an den Weimarer Hof, erst als Erzieher Carl Augusts, dann als politischer Berater und Minister verschiedener Ministerien sowie Theaterintendant
- ab 1792 Zeit des Terrors (*terreur*) in Frankreich
- 1799 Staatsstreich und Thronbesteigung Napoleons
- 1803 Reichsdeputationshauptschluss: Neuordnung in Deutschlands unter französischem Einfluss
- 1804 *Code civil*: Verbreitung eines modernen Rechtscodex durch Napoleon
- 1806 Auflösung des Heiligen Römischen Reichs Deutscher Nationen

Weltbild, Menschenbild, Lebenskonzept

- Verklärung der Antike als *„edle Einfalt und stille Größe“* (Kunsthistoriker Winckelmann, 1755)
- inhaltliches sowie formales Streben nach Vorbildhaftem, Normsetzendem, überzeitlich Gültigem, nach allem *„Gute[n], Schöne[n], Große[n], Wahre[n]“* (Goethe)
- Abkehr vom Subjektivismus des Sturm und Drang
- Der Mensch wird verstanden als eingebunden in eine göttliche Weltordnung.
- Kants kategorischer Imperativ: *„Handle so, dass die Maxime deines Willens jederzeit zugleich als Prinzip einer allgemeinen Gesetzgebung gelten könnte.“*
- Ideal der Humanität/ästhetische Erziehung zur Humanität in Anlehnung an Leitgedanken der Aufklärung, nach Erfahrung der Schreckensherrschaft der Französischen Revolution
- Schönheit/Ästhetik entsteht durch Regeln, durch Orientierung an Ordnung und Maß (⇔ Regellosigkeit des Sturm und Drang).

Kunst und Literatur

- Kunst = Erziehung des Menschen zur Humanität, zur Veredelung seines Charakters.
- Kunst verarbeitet die Wirklichkeit und zeigt das Ideal, die Wahrheit.
- Ausgleich und Harmonie in der künstlerischen Gestaltung nach dem Vorbild der Antike
- leitende Vorstellung eines organischen Wachstums, verknüpft mit Vernunft und Selbstbeschränkung des Menschen
- Gedankenlyrik, antike Gedichtformen, z. B. Ode
- Drama: Ideendrama, Geschichtsdrama
- Bildungsroman: Entwicklung des Menschen zu einer allseits gebildeten Persönlichkeit, Beispiel: *Wilhelm Meisters Lehr- und Wanderjahre*

Themen und Motive

- durch Streben nach Vollkommenheit auch gehobene, überhöhte Sprache, Perfektion in der Syntax; im Drama vorwiegend Versdichtung, Blankverse
- Zurücktreten der Darstellung des Alltags/des Alltäglichen zugunsten des Typischen, des Symbolhaften

- Goethes Definition des Symbols: *„Die Symbolik verwandelt die Erscheinung in Idee, die Idee in ein Bild [...].“*
- Fragen der Humanität (*Iphigenie*)
- Themen wie Freiheit und Zwang, Individuum und Gesellschaft (*Faust, Wallenstein, Don Carlos, Wilhelm Meister*)
- Spannung zwischen Genie und Gesellschaft (*Faust, Torquato Tasso*)

Autoren und Werke

- Johann Wolfgang von Goethe, *Iphigenie auf Tauris, Faust I und II;* Lyrik, z.B. *West-östlicher Divan;* Friedrich Schiller, *Maria Stuart, Don Carlos, Wilhelm Tell, Wallenstein. Die Jungfrau von Orleans*

Christoph Martin Wieland und die Klassik

Eine der wichtigsten Personen in Weimar, der Begründer des dortigen „Musenhofes“ unter der Herzogin Anna-Amalia, war Christoph Martin Wieland (1733–1813). Er beschäftigte sich mit Philosophie und Dichtung und blieb für fast 40 Jahre das Zentrum des Kunst- und Literaturbetriebs in Weimar. Seine erfolgreiche Zeitschrift „Der Teutsche Merkur“ vertrat das Gedankengut der Weimarer Klassik.

„Der Dichtkunst wahre Bestimmung ist die Verschönerung und Veredelung der menschlichen Natur; [...] Aber damit sie diesen Zweck erreiche, muß sie sich über die bloße Nachahmung der individuellen Natur, über die engen Begriffe einzelner Gesellschaften [...] erheben, aus den gesammelten Zügen des über die ganze Natur ausgegossenen Schönen sich ideale Formen bilden, und aus diesen die Urbilder zusammensetzen, nach denen sie arbeitet.“

Aus: Christoph Martin Wieland: Aufsätze zur Literatur und Politik, hrsg. von Dieter Lohmeier, Rowohlt, Hamburg 1970, S. 12

KLASSIK **Checkliste**

→ Orientierung an der Antike/Idealisierung der Antike (Winkelmann)
→ Streben nach Ausgleich, Harmonie, Einklang von Natur und Mensch
→ Humanitäts-Ideal und sittliche Vervollkommnung
→ Ideendramen, z.B. *Iphigenie auf Tauris*
→ Bildungsroman, z.B. *Wilhelm Meisters Lehr- und Wanderjahre*
→ Ziel der Literatur: die ästhetische Erziehung des Menschen
→ Streben nach Getaltung des Typischen
→ besondere Bedeutung des Symbolhaften

Romantik (ca. 1795–1850)

KENNZEICHEN DER EPOCHE

- **vielschichtiger Gebrauch des Begriffs** bis ins Alltagsdeutsch; das Adjektiv „romantisch" meint erst abwertend „im Roman vorkommend", d. h. fantastisch, unwirklich, überspannt, auch krank. Im Verlauf der Epoche größere Akzeptanz und positives Gegengewicht des **Fantastischen, Gefühlvollen, Subjektiven** zur einseitigen Weltsicht des Rationalismus, zur „Entzauberung" der Welt
- Überwindung der Eindimensionalität des modernen Menschen als Folge ökonomischer, gesellschaftspolitischer Prozesse durch Überwindung der Grenzen durch den Geist der Poesie
- unterschiedliche Reaktionen auf die Restaurationspolitik nach dem Wiener Kongress: a) **Resignation und Eskapismus** (Flucht aus der gesellschaftlich beengenden und politisch restriktiven Wirklichkeit mit Demagogenverfolgung, Beschneidung der Grundrechte, Zensur), b) **Junges Deutschland** und **Vormärz** als politisch engagierte Literatur
- Unterscheidung in:
  a) **Frühromantik** oder **Jenaer Romantik** (programmatische Unterstützung durch die Philosophen Fichte, Schleiermacher, Schlegel, Schelling)
  b) **Hochromantik** oder **Heidelberger Romantik**
  c) **Spätromantik**

Historisch-gesellschaftlicher Hintergrund

- 1804–1814 Napoleon I.
- 1806 Schlacht von Jena und Auerstedt: Niederlage Preußens
- 1813 Völkerschlacht bei Leipzig
- 1813–1815 Befreiungskriege
- 1814/15 Wiener Kongress: politische Restauration unter der Ägide Metternichs; Gründung des Deutschen Bundes
- 1817 Wartburgfest: Treffen von liberal orientierten Studentenbünden
- 1819 Karlsbader Beschlüsse: Verfolgung sogenannter Demagogen
- 1830 Julirevolution in Frankreich
- 1832 Hambacher Fest

- 1835 erste Eisenbahn in Deutschland
- 1837 Professorenprotest der *Göttinger Sieben*
- 1844 Aufstand der schlesischen Weber
- 1848 Märzrevolution in Berlin; erste deutsche Nationalversammlung in der Frankfurter Paulskirche
- 1849 Ablehnung der Verfassung durch den preußischen König, Scheitern der demokratischen Bewegung
- Industrialisierung und Kapitalismus als Wirtschaftsform

Weltbild, Menschenbild, Lebenskonzept

- Philosophie des deutschen Idealismus
- Intensivierung des Lebens, der Gefühlskultur mit allen Sinnen, auch der dunklen Seiten: Nachtseite der Romantik, „schwarze Romantik" (Krankheit, Wahnsinn, Irrationalität, das Unbewusste)
- Sehnsucht nach Entgrenzung und unerreichbarer Ferne
- Streben nach Freiheit, Universalität
- Idealisierung von Vergangenem als dem *goldenen Zeitalter*, Bevorzugung des Mittelalters durch Wiederaufnahme von Motiven und Gattungen (Volkslied, Märchen) als Rückbesinnung auf einen National(staats-)Gedanken
- Ziel: Poetisierung der Welt, Durchdringen aller Lebensbereiche mit den Mitteln der Kunst: *„Schläft ein Lied in allen Dingen"* (Eichendorff)
- Ablehnung der spießerhaften Angepasstheit der Menschen, Bild des Philisters als Negativfolie
- Verklärung, Idealisierung der Natur, der Einheit von Mensch und Natur als verloren gegangenem, aber wieder anzustrebendem paradisiesischen Urzustand

Kunst und Literatur

- bewusste Grenzverwischung zwischen den Künsten und Gattungen: *„progressive Universalpoesie"* (Schlegel *116. Athenäums-Fragment*)
- Musik als höchste Kunstform anerkannt
- Kritik am Spießbürgertum (Philister) und Zivilisationskritik sowie an der einseitigen Ausrichtung der Ratio, der Vernunft der Aufklärung
- Betonung der emotionalen Kräfte des Menschen
- Interesse an Geschichte, Sprache, Poesie und Mythologie des deutschen Volkes (siehe Gebrüder Grimm)

- Bevorzugung der „Volkssprache“, der einfachen Sprache
- Vorliebe für Volkslieder (etliche werden vertont); in der Epik für kurze Texte wie Märchen, Novellen, fragmentarische Texte (im Sinn der „progressiven Universalpoesie“ ist nichts abgeschlossen)
- Romantische Ironie bei *Heinrich Heine*

Themen und Motive

- Sehnsucht als das zentrale Motiv der Romantik
- Motiv der *blauen Blume* (Novalis: *Heinrich von Ofterdingen*“) als unbestimmbares und unbestimmtes Endziel aller Wünsche und Träume
- Darstellung einer beseelten Natur als Gegengewicht und Fluchtpunkt zur rationalen und utilitaristisch ausgerichteten Wirklichkeit
- Wandern, Reisen (auch metaphorisch für Lebensreise des Protagonisten)
- Natur und Einsamkeit; Stimmungsbilder
- Identitätssuche zwischen Begrenzung und Entgrenzung
- Träume als Ausdruck des Unbewussten, des Fantastischen

Autoren und Werke

- Lyrik und Novellen: Achim von Arnim, Bettina von Arnim, Clemens Brentano, Joseph von Eichendorff (*Aus dem Leben eines Taugenichts*), Jakob und Wilhelm Grimm, Karoline von Günderrode, Heinrich Heine, E.T.A. Hoffmann (*Der Sandmann, Der goldene Topf, Das Fräulein von Scudery*), Novalis (*Heinrich von Ofterdingen*), Ludwig Tieck (*Der blonde Eckbert*)

ROMANTIK — Checkliste

- → Restauration; politische und soziale Umbruchphase
- → gegen die Rationalität der Aufklärung und das Ideal der Vollkommenheit der Klassik
- → Idee der *Progressiven Universalpoesie*
- → Besinnung auf Mittelalter, Volkspoesie, Märchen
- → Hang zum Irrationalen, Träumerischen, zur Nachtseite
- → die *blaue Blume* als Leitbild der Sehnsucht
- → Motiv des Wanderns
- → Motiv des Fensters/der Türten als Schwellensituation, Aufbruch
- → Musik als höchste aller Kunstformen

Junges Deutschand/Vormärz und Biedermeier (ca. 1830–1848)

KENNZEICHEN DER LITERARISCHEN STRÖMUNGEN

→ zweifache (und widersprüchliche) Reaktion auf die Beschneidung der Grundrechte nach dem Wiener Kongress:
a) **revolutionäre Aufbruchstimmung**, Glaube an gesellschaftspolitische Veränderungen, kämpferischer Habitus;
b) **Resignation**, Rückzug ins Private, Akzeptanz des Bestehenden

→ Eintreten für liberale, demokratische und nationale Ideale

→ politisches Erstarken des Selbstbewusstseins des Bürgertums, vor allem der Studenten und intellektuellen Kräfte

→ Der Begriff **Biedermeier** geht zurück auf eine Figur aus einer Satirezeitschrift, die durch Redlichkeit und mangelndes politisches Engagement gekennzeichnet ist; bei den Romantikern entspricht dieser Figur der Begriff des *Philisters*.

Historisch-gesellschaftlicher Hintergrund

- siehe *Romantik* (Seite 20 f.)

Weltbild, Menschenbild, Lebenskonzept

- Beziehen fortschrittlicher politischer Positionen unter Inkaufnahme von möglicher Verhaftung und Exil
- Angriff gegen restaurative Kräfte, Parteinahme für demokratische und soziale Bewegungen
- Kampf für eine gerechte Gesellschaft, Forderung nach freiheitlicher Verfassung
- Selbstverständnis als Vorreiter gesellschaftlicher Emanzipation
- Bewegung der nationalen Einheit Deutschland
- Bereitschaft zu politischem Handeln
- im *Biedermeier*: Rückzug in die Privatsphäre, resignative Weltsicht

Kunst und Literatur

- vorherrschend (politische) Lyrik
- Flugschriften, satirische Feuilletons
- erste sozialkritische Dramen mit naturalistischen Zügen (Georg Büchner)
- Aufwertung journalistischer Formen als wirksames Medium der Gesellschaftskritik und der politischen Agitation sowie der journalistischen Tätigkeit
- Im *Biedermeier*: Lyrik und Epik; überschaubare Welten, Dorf- und Heimatgeschichten, (mystische) Naturlyrik, Familie, Religion

Themen und Motive

- politische Agitation, kämpferische Tendenzen: *„Friede den Hütten, Krieg den Palästen"* (Georg Büchner)
- gesellschaftsanalytische und kritische Schriften und Dramen
- im *Biedermeier*: heile Welt, kleinbürgerliche Idylle, familiäre Themen und Lebensbeschreibungen als Unterhaltungsliteratur

Autoren und Werke

- Autoren, die dem *Jungen Deutschland/dem Vormärz* nahestehen: Ludwig Börne, Georg Büchner, August Heinrich Hoffmann von Fallersleben, Heinrich Heine, Georg Herwegh, Friedrich Freiligrath, Georg Weerth
- Autoren, des Biedermeier: Annette von Droste-Hülshoff (*Die Judenbuche*), Franz Grillparzer, Eduard Möricke, Adalbert Stifter

JUNGES DEUTSCHLAND/VORMÄRZ/BIEDERMEIER
Checkliste

→ Julirevolution 1830 in Frankreich und gescheiterte Revolution 1848 in Deutschland
→ Ziele: Deutsche Einheit und demokratische Verfassung
→ politische Lyrik engagierter junger Dichter
→ Literatur als Mittel der politischen Aufklärung, der politischen Agitation
→ Vorliebe auch für journalistische Publikationsformen
→ *Friede den Hütten, Krieg den Palästen!*
→ Rückzug in die Innerlichkeit
→ Vorliebe für Gedichte mit resignativer Grundstimmung sowie familiäre Rührstücke

Bürgerlicher bzw. Poetischer Realismus (ca. 1850–1900)

KENNZEICHEN DER EPOCHE

- → das „**Reale**" als neuer Leitbegriff des politischen Denkens und Handelns (siehe „Realpolitik", „Realgymnasium"); philosophische Strömungen des **Positivismus** und **historischen Materialismus**
- → Entwurf eines poetischen Bildes der Realität durch Konzentration auf detailgetreue Ausschnitte der gesellschaftlichen Wirklichkeit der Zeit
- → Konzentration auf typische Zeitphänomene und Individuen als Modelle für zeitgeschichtliche Phänomene
- → Unterscheidung zwischen a) literaturgeschichtlichem und b) stilistisch-typologischem Begriff des Realismus
- → Fokussierung auf die Welt des ökonomisch und gesellschaftlich erstarkten Bürgertums in seinen unterschiedlichen Facetten (*Bildungs- und Besitzbürgertum*)
- → Tendenzen der **Emanzipationsbestrebungen der Frauen**, zunehmendes Infragestellen von traditionellen Rollenbildern

Historisch-gesellschaftlicher Hintergrund

- 1848/49 gescheiterte Revolution in Deutschland
- ab 1864 Aufstieg Preußens zur führenden Macht
- 1870/71 deutsch-französischer Krieg; Proklamation des preußischen Königs zum deutschen Kaiser, Einigung des Reichs, Bismarck wird Reichskanzler
- in Folge des Kriegsgewinns: *Gründerzeit* (wirtschaftlicher Aufschwung)
- 1878 „Sozialistengesetze": Unterdrückung sozialdemokratischer Gruppierungen
- 1888–1918 Wilhelm II als letzter deutscher Kaiser: *Wilhelminisches Zeitalter*; Beginn des deutschen Imperialismus
- zunehmende Industrialisierung, Urbanisierung; rasante technische und wirtschaftliche Entwicklungen; bedeutende Entwicklungen im Bereich der Medizin, der Hygiene; große Fortschritte im Bereich der Energieversorgung und Kommunikationstechnik

- Proletarisierung der Unterschicht führt zu großen sozialen Spannungen (Klassengegensätzen) und Verwerfungen, vor allem in den Großstädten
- Zunahme der Bildungschancen, nicht nur für Frauen, mehr Zugang zu höherer Bildung; Erweiterung der Schulformen, auch durch Dominanz der Naturwissenschaften, durch berufliche Ausdifferenzierung
- rasante Zunahme von Publikationsorganen, Ausweitung des Buchmarktes, Vergrößerung der Leserschaft

Weltbild, Menschenbild, Lebenskonzept

- Festhalten an idealistischer Grundkonzeption, d. h. Vermeidung der Darstellung des Extremen → wirtschaftlich, erfolgsorientiert → Effi Briest
- materialistische und diesseitsorientierte Grundhaltung; zunehmender Bedeutungsverlust der Transzendenz (der Religion)
- Glaube an die Beherrschung der Natur und Umwelt durch Fortschrittsoptimismus und Technikbegeisterung einerseits
- andererseits Orientierungslosigkeit und Skepsis gegenüber den sich rasant verändernden Lebensbedingungen, dem Verlust bisher geltender Werte und Normen
- trotz wirtschaftlicher Prosperität *(Gründerzeit)* in Teilen des Bildungsbürgertums resignative Grundstimmung
- eher wertkonservative Haltung; Gebundenheit an die soziale Schicht; weiterhin paternalistisch geprägtes System
- Adel- und Offizierskorps bestimmen weiterhin als Vorbilder das gesellschaftliche Leben; Pflichterfüllung gegenüber dem Staat bis hin zur Untertanenmentalität

Kunst und Literatur

- großer Einfluss des französischen und russischen Romans auf die deutsche Epik hinsichtlich des Stils und der Thematik; vorherrschende Gattung: Novelle, Roman
- 1853 formuliert Theodor Fontane programmatisch: „*Vor allem verstehen wir* [unter Realismus] *nicht das nackte Wiedergeben alltäglichen Lebens, am wenigsten seines Elends und seiner Schattenseiten*". [...] Der Realismus „*ist die Widerspiegelung alles wirklichen Lebens, aller wahren Kräfte und Interessen im Elemente der Kunst.*"

- Das Attribut „poetisch" deutet darauf hin, dass es nicht um die mimetische Wiedergabe der Wirklichkeit geht, sondern sie wird verklärt (beschönigt) dargestellt mit Konzentration auf das Wesentliche (= das Typische, das Menschliche).
- Stilmittel der Verklärung: Humor, Ironie
- detaillierte Beschreibungen, Zeitkolorit und zeittypisches Ambiente durch topografische Genauigkeit sowie Erwähnung bestimmter, damals allen bekannter Adressen, von Persönlichkeiten, von Ereignissen in den Berliner Gesellschaftsromanen/Zeitromanen Fontanes *(Schauplatzexposition)* führen zu großer Identifikationsmöglichkeit der Leser
- kritische Auseinandersetzung mit gesellschaftsrelevanten Themen und Erscheinungen
- Die direkte Wiedergabe von Gesprächen reflektiert die zeitgeschichtlichen Problemfelder, weist den Protagonisten durch deren authentische Sprache und Sprachverwendung ihre soziale Schicht zu, lassen den Erzähler als auktorialen Erzähler zurücktreten *(Polyperspektivität)*.

Themen und Motive

- Eheprobleme bis hin zum Ehebruch und sich verändernde Rollenbilder, vor allem der Frau
- Möglichkeiten der Partnerwahl im Rahmen rigider gesellschaftlicher Normen; Konvenienzehen
- Mesalliancen und gescheiterte Liebesbeziehungen aufgrund der Zugehörigkeit zu unterschiedlichen sozialen Schichten
- Dünkel der Bildungsbürger und der Typus des Bourgeois
- überholter Ehrbegriff des Adels und Duellwesen
- gesellschaftliche und soziale Fragen der Zeit

Autoren und Werke

- Friedrich Hebbel (*Maria Magdalena* – letztes „bürgerliches Trauerspiel"), Theodor Fontane (*Irrungen, Wirrungen, Frau Jenny Treibel, Effi Briest, Der Stechlin*), Gottfried Keller (*Der grüne Heinrich, Die Leute von Seldwyla*), Conrad Ferdinand Meyer, Wilhelm Raabe (*Die Chronik der Sperlingsgasse, Der Hungerpastor*), Theodor Storm (*Immensee, Der Schimmelreiter*)

ZUM BEGRIFF REALISMUS

Der Begriff **Realismus** hat eine doppelte Ausrichtung: Zum einen bezeichnet der die literarische Epoche in Europa in der zweiten Hälfte des 19. Jahrhunderts, zum anderen ist er ein **Stilbegriff**, man spricht auch von **Konzepten realistischen Schreibens**.
Im sogenannten **Bürgerlichen Realismus** strebt man nach größerer Realitätsnähe und genauerer Erfassung des sozialen Lebens und der zeitgenössischen Wirklichkeit des Menschen als in der Klassik bzw. in der Romantik. Die aktuelle gesellschaftliche Ordnung ist Basis der kritischen Auseinandersetzung des Individuums mit deren Normen und Zwängen. Die verhandelten Themen werden eingebettet in konkrete gesellschaftliche Kontexte, die regional und zeitlich eindeutig zu verorten sind und das Zeittypische und Repräsentative darstellen. So wird der Roman des 19. Jahrhunderts zum Gesellschaftsporträt seiner Zeit.
Konzepte realistischen Schreibens finden sich auch in folgenden literarischen Strömungen wieder: im Naturalismus (als Radikalisierung des Realismus, indem vor allem die Schattenseiten des menschlichen Lebens thematisiert werden), in der Neuen Sachlichkeit der Weimarer Republik, im sogenannten **Kritischen Realismus** der Nachkriegszeit, im Programm des **Sozialistischen Realismus** der ehemaligen Ostblockstaaten und im **Magischen Realismus** der 1960er- bis 1990er-Jahre in Lateinamerika.

REALISMUS — Checkliste

- → politischer und gesellschaftlicher Aufstieg des Bürgertums
- → 1871 Gründung des Deutschen Reiches unter dem Kaisertum Preußens
- → wirtschaftlicher Boom in der *Gründerzeit*
- → *Wilhelminismus*
- → Entwurf eines poetischen, aber detailgetreuen Bildes der Zeit/Wirklichkeit
- → nicht das nackte Wiedergeben des alltäglichen Lebens
- → Schauplatzexpostionen bei Fontane
- → Konzentration auf typische Zeitphänomene wie Ehe, Mesalliancen, Militär, Duelle
- → langsame Veränderung der Rollenbilder von Mann und Frau
- → Zeitroman, (Berliner) Gesellschaftsroman

Naturalismus (ca. 1880–1900)

KENNZEICHEN DER LITERARISCHEN STRÖMUNG

- → beeinflusst durch russische, französische und skandinavische Literatur (Dostjewski, Tolstoi, Zola, Ibsen)
- → möglichst exakte, fast mimetische **Wiedergabe/Darstellung der gesellschaftlichen Wirklichkeit**
- → Radikalisierung der Konzeption des Realismus: Abbildung der Schattenseiten des menschlichen Lebens
- → sozialgeschichtlich geprägt durch die Auswirkungen der Industriellen Revolution und die damit einhergehende Verstädterung mit Verelendung, Not, Krankheit etc.
- → Annäherung der Kunst an die Erkenntnisse und Methoden der empirischen Wissenschaften
- → Kritik/Protest gegen soziale Verwerfungen und politische Inaktivität

Historisch-gesellschaftlicher Hintergrund

- siehe *Realismus* (Seite 25 f.)
- einseitige Entwicklung und Verteilung des Kapitals
- Zuspitzung der sozialen Lage, der prekären Arbeitsbedingungen, der elenden Wohnverhältnisse der Massen → Verschärfung der gesellschaftlichen Gegensätze

Weltbild, Menschenbild, Lebenskonzept

- *Darwinismus*: Mensch als Ergebnis der Evolution und seiner erblichen Eigenschaften
- deterministische Gesellschaftstheorie des französichen Philosophen Auguste Comte und *Milieutherorie* des französischen Philosophen Hippolyte Taine besagen: Der Mensch wird in seinem Verhalten bestimmt durch das Bedingungsgefüge von Psyche, Trieben, Umwelt und Milieu (fatalistische Grundhaltung) → Leugnung eines freien Willens zugunsten kausalgesetzlichem Ablauf der Entwicklung (widerspricht dem Autonomiegedanken der Aufklärung)

Kunst und Literatur

- in Deutschland: Dominanz der Gattung Drama
- Konzentration der Darstellung auf das Kleinbürgertum und Proletariat
- Kritik an der Doppelmoral und Gleichgültigkeit des Bürgertums hinsichtlich ungelöster sozialer Probleme der Industriegesellschaft
- analog zu den Naturwissenschaften entwickelt Arno Holz die Formel: *Kunst* = *Natur* – *x*, wobei das x (= die künstlerische Gestaltung) möglichst klein gehalten werden soll
- authentische Sprachgestaltung: mündlicher Sprachgebrauch, Dialekt und Soziolekt, grammatikalisch unkorrekte Sprache, elliptischer Satzbau, einfacher Wortschatz, Stammeln, Stottern, Lallen
- Sekundenstil als die Wirklichkeit möglichst genau kopierende Technik der Beschreibung

Themen und Motive

- Alltagsgeschehen, zerrüttete Familienverhältnisse
- Durchschnittsmenschen des Kleinbürgertums und Proletariats, Gescheiterte, Gestrauchelte, Verbrecher, Prostituierte, Wahnsinnige als Produkte/Opfer ihres sozialen Milieus
- Teufelskreis aus Armut, Elend, Deprivation, Hunger, Krankheit, Obdachlosigkeit, Alkoholismus, Drogensucht
- Schauplätze oft in der Großstadt: Arbeitermilieu, Mietskasernen, Elendsquartiere; auch Arbeitsstätten
- sozial motivierte Revolte der Arbeiter (Gerhart Hauptmann *Die Weber*)
- von Kaiser Wilhelm II als *Rinnsteinkunst* diffamiert

Autoren und Werke

- Gerhart Hauptmann (*Vor Sonnenaufgang, Die Weber, Die Ratten*), als Autorenteam Arno Holz/Johannes Schlaf (*Papa Hamlet, Die Familie Selicke*)

Beispiel für Bühnensprache und Milieudarstellung des Naturalismus

Gerhart Hauptmann

Die Weber (1892) – Aus dem ersten Akt

Kassierer Neumann, *Geld aufzählend.* Bleibt sechzehn Silbergroschen, zwei Pfennig.
Erste Weberfrau, *dreißigjährig, sehr abgezehrt, streicht das Geld ein mit zitternden Fingern.* Sind Se bedankt.
Neumann, *als die Frau stehenbleibt.* Nu? Stimmt's etwa wieder nich?
Erste Weberfrau, *bewegt, flehentlich.* A paar Fenniche uf Vorschuß hätt' ich doch halt aso neetig.
Neumann. Ich hab' a paar hundert Taler neetig. Wenn's ufs Neetighaben ankäm' –! *Schon mit Auszahlen an einen andern Weber beschäftigt, kurz.* Iber den Vorschuß hat Herr Dreißiger selbst zu bestimmen.
Erste Weberfrau. Kennt' ich da vielleicht amal mit'n Herrn Dreißiger selber red'n?
Expedient Pfeifer, *ehemaliger Weber. Das Typische an ihm ist unverkennbar; nur ist er wohlgenährt, gepflegt gekleidet, glatt rasiert, auch ein starker Schnupfer. Er ruft barsch herüber.* Da hätte Herr Dreißiger weeß Gott viel zu tun, wenn er sich um jede Kleenigkeit selber bekimmern sollte. Dazu sind wir da. [...]

Gerhart Hauptmann: Die Weber. Propyläen Verlag 1965. Zitiert nach: https://gutenberg.spiegel.de/buch/die-weber-9199/4 [Aufruf 3.6.2019]

NATURALISMUS — Checkliste

- → zunehmende Industrialisierung sowie Urbanisierung verstärken soziales Elend
- → Dominanz der Naturwissenschaften, fehlende Transzendenz sowie
- → deterministische Gesellschaftstheorien wirken auf Literatur
- → Kunst = Natur – x
- → Protagonisten der Dramen: Kleinbürgertum, Proletariat und deren Themen wie
- → Elend, Armut, Krankheit, Alkoholsucht, zerrüttete Familienverhältnisse, Sprachnot
- → authentische Sprache des sozialen Milieus: Dialekte, Jargon, fehlerhafte Sprache
- → Sekundenstil
- → *Rinnsteinkunst*

Literatur der Jahrhundertwende (ca. 1900–1920)

KENNZEICHEN DER LITERARISCHEN STRÖMUNGEN

- → gesellschaftliche, ideologische, normative, ästhetische Brüchigkeit der Jahrhundertwende: Bindeglied der unterschiedlichen Strömungen ist deren propagierte „Modernität"
- → die **Gleichzeitigkeit des Ungleichzeitigen**: ein Nebeneinander heterogener, sich z. T. widersprechender literarischer Strömungen, Stile, Tendenzen, Denkrichtungen, Programme: *Décadence-Literatur, Fin-de-Siècle-Literatur, l'art-pour-l'art-Literatur, Impressionismus, Ästhetizismus, Symbolismus, Expressionismus, Jugendstil, Neuromantik, Neuklassik, Dadaismus*
- → verändertes, neues Verhältnis zur Sprache (**Sprachkrise** als Wahrnehmungs- und Bewusstseinskrise)
- → entweder kritische Auseinandersetzung mit Problemen der modernen Zivilisation, mit erstarrten Konventionen, mit verlogenen Moralvorstellungen (**Aufbrucheuphorie**)
- → oder Eskapismus in den Irrationalismus, in die reine Schönheit einer nicht an der Wirklichkeit orientierten Kunst, rein subjektive Erfahrungen (**Endzeitstimmung**)

Historisch-gesellschaftlicher Hintergrund

- Ausbau der Machtfülle des Wilhelminischen Kaiserreichs; Obrigkeitsstaat
- Deutschland strebt nach Expansion; Ehrgeiz, ebenfalls imperialistisch aufzutreten
- Radikalisierung politischer Richtungen
- wirtschaftlicher und technischer Aufschwung
- Urbanisierung: Verschärfung sozialer Gegensätze
- 1900 Veröffentlichung *Die Traumdeutung* von Sigmund Freud
- 1908 Automobilisierung: Fließbandproduktion bei Ford/USA
- 1910 Erscheinen des Halleyschen Kometen: Hoffnung auf Erneuerung, aber auch Untergangsängste
- 1912 Untergang der Titanic: Erschütterung des Glaubens an eine durch Technik beherrschbare Welt

- 1914–1918 Erster Weltkrieg
- 1915 Einsteins Relativitätstheorie
- 1917 Russische Oktoberrevolution
- 1918 Aufstände in Kiel und Berlin, Räterepublik in München
- 1918 Friedensvertrag von Versailles: Zuweisung der alleinigen Kriegsschuld an Deutschland, belastende Reparationsforderungen
- 1919 Weimarer Republik: erste demokratische Verfassung auf deutschem Boden; Frauenwahlrecht

Weltbild, Menschenbild, Lebenskonzept

- Ende und Neubeginn; der *Januskopf* der Moderne verdeutlicht das ambivalente Zeitgefühl
- Ablehnung der spätbürgerlichen Welt und deren Wertvorstellungen
- Verfeinerung und Vertiefung des Geistes und Blick in die Abgründe der menschlichen Psyche
- große Spannungen zwischen technisch-wirtschaftlichem Fortschritt einerseits und (relativem) sozialem und gesellschaftlichem Stillstand andererseits
- Ausbruch des Ersten Weltkriegs, gesehen als notwendiger Zusammenbruch eines überkommenen Systems und als fruchtbarer Erneuerungsimpuls nach Stagnation und Resignation

Kunst und Literatur

- großer Einfluss der französischen Symbolisten: Baudelaire, Mallarmé, Rimbaud, Verlaine
- Überwindung des Anspruchs des Naturalismus der minutiösen Wiedergabe der Realität
- Ablehnung der Dominanz gesellschaftspolitischer und sozialkritischer Themen
- Kunst ist nicht mehr Medium der Wirklichkeitsdarstellung, sondern entsteht um ihrer selbst willen (*l'art-pour-l'art-Konzept*)
- Suche nach Konzepten einer modernen Kunst, die angemessen auf die veränderte Wirklichkeit reagieren kann
- Idee des „reinen Gedichts“ (*poésie pure:* Mallarmé)
- Zusammenschluss von Künstlergruppen in den kulturellen Zentren wie Berlin, München, Wien
- der innere Monolog hält Einzug in die epische Literatur (Arthur Schnitzler)

- Hinwendung zur Beschreibung psychischer Zustände und Stimmungen sowie unmittelbarer Sinneseindrücke (*Impressionismus*)
- Suche nach transzendenter Idee bzw. einem mystischen Geheimnis hinter der Oberfläche der Welt; metaphernreiche, schwer verständliche Sprachformen, vor allem in der Lyrik (*Symbolismus*)
- Ästhetik des *Jugendstils* in überbordendem dekorativem Stil

Themen und Motive

- subjektive Wirklichkeitsempfindungen
- Ich-Zerfall und Dissoziationen des Ichs
- Bemühen um sprachlich-ästhetische Schönheit durch Verwendung von Neologismen, ausdrucksstarken, teils hermetischen Bildern, klanglichen Gestaltungsmitteln: Lautmalereien

Autoren und Werke

- Stefan George (Lyrik), Hermann Hesse (*Narziss und Goldmund, Unterm Rad*), Hugo von Hofmannsthal (Lyrik; *Brief des Lord Chandos*), Heinrich Mann (*Der Untertan*), Thomas Mann (*Buddenbrooks, Tonio Kröger, Tod in Venedig*), Robert Musil (*Die Verwirrungen des Zögings Törleß*), Rainer Maria Rilke (Lyrik; *Die Aufzeichnungen des Malte Laurids Brigge*), Arthur Schnitzler (*Leutnant Gustl, Fräulein Else*)

LITERATUR DER JAHRHUNDERTWENDE — Checkliste

→ politisch-gesellschaftliche, künstlerisch-ästhetische Brüchigkeit der Zeit
→ die Gleichzeitigkeit des Ungleichzeitigen
→ *Januskopf* der Moderne: ambivalentes Zeitgefühl
→ *Sprachkrise* als Wahrnehmungs- und Bewusstseinskrise, z. B. Hugo von Hofmannsthals *Der Brief des Lord Chandos*
→ Künstlergruppen suchen nach neuen Konzepten einer modernen Kunst
→ Ästhetik des Jugendstils, *l'art-pour-l'art*-Bewegung
→ subjektives Wirklichkeitsempfinden, Dissoziation des Ich

Expressionismus (ca. 1905–1920/25)

KENNZEICHEN DER LITERARISCHEN STRÖMUNG

→ **Ausdruck des Protests** junger Künstler gegen das wilhelminische Bürgertum mit seinen erstarrten Konventionen sowie gegen das kapitalistische Wirtschaftssystem, Aufbruch in die Moderne
→ Zusammenschluss von **Künstlergruppen** mit Manifesten und Programmen als kulturrevolutionäre Bewegung aller Künste
→ Übertragung des Begriffs aus der bildenden Kunst (Berliner Sammelausstellung französischer Maler, 1911) auf die Literatur
→ **Großstadt als Chiffre** des explosionsartigen Wachstums und der rasanten, ambivalent empfundenen Veränderungen auf allen Gebieten des menschlichen Zusammenlebens
→ **Kriegserfahrung** als Ausgangspunkt für Orientierungslosigkeit, Entfremdung und Relativierung aller Werte
→ Forderung nach neuer Humanität, nach dem „neuen Menschen"

Historisch-gesellschaftlicher Hintergrund

- siehe Literatur der Jahrhundertwende (Seite 32 f.)

Weltbild, Menschenbild, Lebenskonzept

- Verlust einer einheitlichen sinnstiftenden überweltlichen Ordnung (Nietzsche: *„Gott ist tot"; Nihilismus*)
- Technisierung führt zu Enthumanisierung der Welt
- apokalyptisches Zeitempfinden (*„Weltende"*, *„Menschheitdämmerung"*, *„Die Nächte explodieren in den Städten"*)
- Anonymisierung und Vermassung im Zusammenleben, innere und äußere Auflösungsprozesse des Ich (Freud)
- Krisenbewusstsein

Kunst und Literatur

- Dominanz der Lyrik
- Kunst und Welt passen nicht mehr zusammen: Der Maler Paul Klee: *„Die Kunst gibt nicht das Sichtbare wieder, sondern macht sichtbar."*

- Aufsplitterung der Wirklichkeit in fragmentarische, z.T. unvereinbare Teile
- schonungslose Darstellung der herrschenden Missstände, *Ästhetik des Hässlichen*
- Entwürfe visionärer Zukunftskonzepte
- in der Lyrik oft Diskrepanz zwischen traditionellen Formen (z.B. Sonett) und provozierendem radikalem Inhalt
- Auflösung konventioneller sprachlicher Gestaltungsformen durch u.a. asyndetischen Reihungsstil, Montagen, Auflösung der Syntax, ausdrucksstarke Bildlichkeit, Neologismen, Chiffren, Farbsymbolik, Synästhesien

Themen und Motive

- Ich-Gefährdung, Ich-Zerstörung
- Großstadt als denaturierter und entmenschlichter Lebensraum
- Faszination und Ekel der Großstadt
- Leiden an Orientierungslosigkeit, Anonymisierung und Sinnverlust
- Schock, Krankheit, Zerfall, Tod

Autoren und Werke

- Lyiker: Gottfried Benn, Georg Heym, Jakob van Hoddis, Else Lasker-Schüler, Alfred Lichtenstein, Ernst Stadler, Georg Trakl, Paul Zech
- Dramatiker: Walter Hasenclever, Ernst Toller

EXPRESSIONISMUS — Checkliste

→ Protest junger Künstler gegen die erstarrten Konventionen des Bürgertums

→ Großstadt als Chiffre der Modernität

→ Rasante Technisierung und Anonymisierung führen zu einem apokalyptischen Zeitempfinden sowie zunehmender Orientierungslosigkeit, verstärkt durch den Verlust einer sinnstiftenden Transzendenz sowie Krisenbewusstsein und Kriegserfahrung.

→ in der Lyrik oft Diskrepanz zwischen traditioneller Form und provokantem Inhalt

→ Auflösung konventioneller Gestaltungsformen in der Literatur

Neue Sachlichkeit – Literatur der Weimarer Republik (1920–1933)

KENNZEICHEN DER LITERARISCHEN STRÖMUNG

- **Neue Sachlichkeit** ist Titel einer Mannheimer Kunstausstellung nachexpressionistischer Malerei im Jahr 1925
- Orientierung des fiktionalen Schreibens an Tatsachen, beeinflusst durch den funktionalen, sachlichen Stil der Konzeption des **Bauhauses**
- Rückkehr zur aktuellen zeitgenössischen Wirklichkeit mit ihren gesellschaftspolitischen Problemen und sozialen Gegensätzen, Konzentration auf Metropole Berlin als europäischer Kulturmetropole
- dokumentarische Literatur, Alltags- und „Gebrauchs“-Literatur, Unterhaltungs- und Massenliteratur, Medialisierung von Literatur (Orientierung am Medium **Film**)
- Verzicht auf psychologische Vertiefung der Charaktere, Darstellung von durchschnittlichen Alltagsmenschen und ihrer Berufswelt, oft typisiert

Historisch-gesellschaftlicher Hintergrund

- zu Beginn der 1920er-Jahre: Nachkriegswirren, Inflation, Besetzung des Ruhrgebiets, gegensätzliche ideologische Richtungen führen zu bürgerkriegsähnlichen Zuständen
- seit 1925 relative politische und ökonomische Stabilisierung der Weimarer Republik, die sogenannten Goldenen Zwanzigerjahre
- Berlin als Kulturmetropole: Kinos, freie Bühnen, Blüte des Kabaretts, Shows, Bars, Sportveranstaltungen, Vielzahl von Zeitungen und Zeitschriften
- Aufkommen und Verbreitung neuer Medien und Kommunikationsformen: Fotografie, Film, Radio, Telefon
- Entstehung der Unterhaltungsindustrie
- 1929 Börsenkrach in New York, Weltwirtschaftskrise, hohe Arbeitslosigkeit
- Straßenkämpfe zwischen NSDAP und KPD
- 1933 Etablierung der NS-Herrschaft

Weltbild, Menschenbild, Lebenskonzept

- *Tanz auf dem Vulkan* – ambivalentes Zeitgefühl: Schwanken zwischen Verunsicherung u.a. durch instabile Verhältnisse bei gleichzeitiger wirtschaftlicher Besserung in den sogenannten Goldenen Zwanzigerjahren
- Zunahme von Bildungschancen, auch durch Weiterbildungsangebote, z.B. der Volkshochschulen (seit 1919)
- neue Berufsfelder und Berufsbilder durch Kommunikations- und Unterhaltungsmedien, Warenhäuser, Modewelt, Amüsierbetriebe; *Angestelltenkultur*
- vermehrt berufstätige Frauen: *Tippfräuleins, Filmsternchen*
- Wandel von Rollenbildern, auch durch verfassungsmäßige Verankerung der Frauenwahlrechts
- Konformitätsdruck innerhalb der Gesellschaft
- Massenproduktionen und Massenveranstaltungen
- sexuelle Freizügigkeit und finanzielle Unabhängigkeit führt zu Veränderungen von Partnerwahl und Lebenskonzepten, dabei ist eine große Diskrepanz zwischen großstädtischen Milieus und sonstigen Lebenswelten (etwa in Kleinstädten und auf dem Land) festzustellen

Kunst und Literatur

- kultureller Pluralismus, Dominanz des Politischen vor der künstlerischen Gestaltung (Devise des Bauhauses *form follows function*)
- Probleme des Alltags- und Arbeitslebens von Großstadtmenschen
- unsentimentale, versachlichte Beziehungen der Geschlechter (Kästner: *Sachliche Romanze*)
- Typus der *Neuen Frau*
- journalistische Textsorten gewinnen an Bedeutung: Reportage, Feature, Theaterkritiken, Autoren oft aus dem journalistischen Milieu
- Unterhaltungsfunktion der Literatur gewinnt an Bedeutung, *Gebrauchsliteratur*
- *Schreiben wie Film*: fast dokumentarische Verfahren, Collage- und Montagetechniken, szenen- und ausschnitthafte Darstellungen, Entsentimentalisierung, Anschaulichkeit, Multimedialität

Themen und Motive

- „Warencharakter" menschlicher Beziehungen
- Scheitern von Lebenskonzepten der Protagonisten
- Karrierewünsche und -träume junger Frauen als Journalistin, Filmstar, Mannequin
- Flucht aus der Provinz, Lebensgenuss in den halbseidenen Etablissements der Großstadt
- nüchterne Darstellung von Berufstätigkeit und sozialer Not
- neue Medien und Kommunikationstechniken
- kapitalistische Vermarktungsstrategien

Autoren und Werke

- Vicki Baum (*Menschen im Hotel*), Bertolt Brecht (*Die Dreigroschenoper*), Alfred Döblin (*Berlin Alexanderplatz*), Hans Fallada (*Bauern, Bonzen und Bomben*), Marie-Luise Fleißer (*Mehlreisende Frieda Geier*), Erich Kästner (*Fabian, Emil und die Detektive*), Mascha Kaleko (Gedichte), Irmgard Keun (*Das kunstseidene Mädchen*), Kurt Tucholsky (*Schloß Gripsholm*), Gedichte, satirische Feuilletonbeiträge

NEUE SACHLICHKEIT — Checkliste

- → radikaler politisch-gesellschaftlicher Wandel nach dem Ersten Weltkrieg
- → Veränderung der gesellschaftlichen Aufgaben von Mann und Frau
- → Typus der *Neuen Frau*
- → Berlin als kulturelles Zentrum Europas: *Tanz auf dem Vulkan*
- → enormer Einfluss der neuen Medien auf das Alltagsleben und die Literatur
- → Massenproduktion und Massenkultur, Massenveranstaltungen
- → journalistische Textformen gewinnen an Bedeutung
- → Devise des Bauhauses: *form follows function*
- → Alltagsmenschen, Alltagsgeschichten, Unterhaltungsliteratur, z. B. *Gilgi – eine von uns*
- → sachliche Darstellung des Scheiterns von Lebenskonzepten
- → *Schreiben wie Film*: Montagetechnik, Intertextualität

Exilliteratur/Innere Emigration (1933–1945)

KENNZEICHEN DIESER LITERARISCHEN STRÖMUNGEN

→ **Exil** als existenzielle Grunderfahrung seit der Antike, zentrales Thema in der Literatur im 20./21. Jahrhundert (Exillyrik und Migrationslyrik/interkulturelle Lyrik in der Gegenwartsliteratur)

→ **Entfremdungserfahrungen** durch a) politisch-rassisch-religiöse Verfolgung und b) Schwierigkeiten mit der Lebensweise und Existenzsicherung im Exilland sowie c) bei der Publikation und Verbreitung der Literatur

Historisch-gesellschaftlicher Hintergrund

- 1930–1933 zunehmende Destabilisierung der Weimarer Republik
- 1933 (30.1.) NS-Machtübernahme und Errichtung einer totalitären Diktatur in Deutschland, Hitler wird Reichskanzler; Gleichschaltung des geistigen Lebens; erste Konzentrationslager; Bücherverbrennung
- seit 1933 (Verschärfung der Situation ab 1937): Etliche Autoren und Künstler gehen entweder in die *innere Emigration* oder ins Exil (in die Schweiz, nach Frankreich, Holland, in die USA), gezwungen durch Verfolgungen, Verhaftungen, „Säuberungen" in Bibliotheken, Zensur, Publikationsverbote, Berufsverbote
- 1934 „Röhm-Putsch"; Hitler auch Reichspräsident; zunehmende Verdrängung der deutschen Juden aus ihren Berufen
- 1938 „Anschluss" Österreichs
- 1939 Beginn des Zweiten Weltkrieges
- seit 1939 Zwang zur Flucht vieler Exilanten aus von Deutschen besetzten Ländern
- 1942/43 Beginn der systematischen Judenverfolgung
- 1945 (8.5.) Kapitulation des Deutschen Reiches und Kriegsende

Weltbild, Menschenbild, Lebenskonzept

- Skepsis, Zweifel, tiefe (Existenz-)Angst, Entwurzelung
- Erfahrung von Barbarei, Willkür, Verfolgung, Entrechtung, Vernichtung

- Holocaust-Erfahrung, Kriegserfahrung
- Hoffnung auf Neubeginn, Visionen

Kunst und Literatur

- unterschiedliche Facetten der literarischen Auseinandersetzung mit Exilsituation: a) scharfsinnige politische Analyse, engagierte Literatur, räsonierend-reflexive Texte, Aufklärung über Nazi-Deutschland, b) der Resignation bis hin zum Verstummen
- Literatur der „inneren Emigration“ in Deutschland
- auch kabarettistische Auseinandersetzung mit der Erfahrung des Exils
- Episches Theater Bertolt Brechts

Themen und Motive

- Verlust der Muttersprache als Kommunikationsmittel und Publikationssprache
- Sprachverlust als Identitätskrise
- Heimatverlust und Entfremdungsphänomene
- Kampf um Existenzsicherung
- Aufklärung über Situation im Heimatland, Appelle an Widerstandsgeist und Kampf gegen NS-Regime

Autoren und Werke

- Lyrikerinnen: Rose Ausländer, Hilde Domin, Mascha Kaleko, Else Lasker-Schüler;
- Weitere Autoren und Autorinnen: Bertolt Brecht (Lyrik und Dramen), Lion Feuchtwanger (Romane), Heinrich Mann, Thomas Mann, Klaus Mann (Romane und Erzählungen), Kurt Tucholsky (Lyrik), Anna Seghers (Romane), Stefan Zweig (Novellen)
- Autoren der *Inneren Emigration*: Stefan Andres, Gottfried Benn, Werner Bergengruen, Erich Kästner

EXILLITERATUR/INNERE EMIGRATION — Checkliste

→ 1933–1945 Nationalsozialistisches Regime in Deutschland
→ Erfahrung von Verfolgung, Entrechtung, Flucht, Tod, Entfremdung,
→ in der Literatur: politisches Engagement oder Flucht in die *innere Emigration*
→ Heimatverlust und Existenzangst
→ Fremdheitserfahrung sowie Sprachlosigkeit als Identitätskrise

Nachkriegsliteratur (ca. 1945–1960)

KENNZEICHEN DER LITERARISCHEN STRÖMUNG

- **Teilung der literarischen Szene** in West (BRD) und Ost (DDR) mit unterschiedlichen literarischen Konzeptionen, anknüpfend an unterschiedliche Traditionslinien, mit unterschiedlicher Themensetzung
- Werke der **Rückkehrer** aus Krieg, Kriegsgefangenschaft und Exil und ihrer Verarbeitung der Erlebnisse
- Misstrauen in eine von den Nationalsozialisten **missbrauchte Sprache**
- Im Osten Eingliederung der antifaschistischen Literatur in die parteipolitische Ausrichtung

Historisch-gesellschaftlicher Hintergrund

- bedingungslose Kapitulation Deutschlands
- 1945–1949 Aufteilung Deutschlands durch die Alliierten in vier Besatzungszonen, Sonderstatus Berlins als Vier-Mächte-Stadt
- 1947 Marshall-Plan zum wirtschaftlichen Aufbau Westdeutschlands und Europas
- 1948 Währungsreform
- 1948/49 Blockade Berlins, zunehmend die Politik des sogenannten kalten Kriegs
- 1949 Gründung zweier deutscher Staaten: Bundesrepublik Deutschland und Deutsche Demokratische Republik
- seit Mitte der 1950er-Jahre zunehmender Wohlstand und Konsum in der BRD, „Wirtschaftswunder"-Jahre
- 1957 Gründung der Bundeswehr
- 1961 Bau der Berliner Mauer
- 1963 Besuch des amerikanischen Präsidenten John F. Kennedy in Berlin

Weltbild, Menschenbild, Lebenskonzept

- Leid, Not, Hunger, Scham und Schuld prägen das Lebensgefühl nach dem Krieg.
- aber auch Verdrängung des Dritten Reichs und fehlende Auseinandersetzung mit NS-Vergangenheit
- auch Rückzug aus der Politik und Gesellschaft, Konzentration auf die eigene Innerlichkeit
- zunehmend kritische Auseinandersetzung mit Holocaust, Verantwortung und Schuld
- Hoffnung auf politisch-gesellschaftlichen Neuanfang
- ambivalentes Welt- und Menschenbild: Zerrissenheit zwischen Resignation und Aufbruchsstimmung

Kunst und Literatur

- **in der Bundesrepublik** Etablierung der Begriffe *Kahlschlagliteratur, Literatur der Stunde Null, Trümmerliteratur (Heinrich Böll)*
- Suche nach neuen Formen und Ausdrucksmöglichkeiten der Literatur: karge, nüchterne, schmucklose Sprache (Misstrauen gegenüber Pathos, Sprachskepsis durch Erfahrung der zu Propagandazwecken missbrauchten Sprache durch die Nationalsozialisten), hermetische Lyrik, konkrete Poesie
- Forderung nach Mitmenschlichkeit, Wahrheit, Demokratie
- Gründung der *Gruppe 47* um Hans Werner Richter
- in den 1960er-Jahren in der Bundesrepublik zunehmende Politisierung der Literatur
- **in der DDR** wird Literatur zum Instrument für den Aufbau des Sozialismus: Verpflichtung der Literatur zum Programm des *Sozialistischen Realismus* in Anlehnung an die Widerspiegelungstheorie Lenins: direkte Widerspiegelung der gesellschaftlichen Realität, Parteilichkeit und Volkstümlichkeit des Schriftstellers, Typisierung soll das Wesen/die Gesetzmäßigkeit des Lebens wiedergeben, Darstellung des sogenannten „positiven Helden“, Vorrang des Inhalts vor der Form („Formalismusdebatte“)
- 1959 Erste Bitterfelder Konferenz mit dem Motto „Greif zur Feder, Kumpel“: Aufforderung an Arbeiter, ihren sozialistischen Alltag literarisch umzusetzen; Autoren gehen in die Produktion
- 1964 Zweite Bitterfelder Konferenz
- seit den 1960er-Jahren Terminus der *Ankunftsliteratur* (nach dem Roman von Brigitte Reimann *Ankunft im Alltag*) als Ausdruck für die Ankunft im Sozialismus

Themen und Motive

- Krieg, Not, Gefangenschaft, Heimkehrerschicksale
- kritische Auseinandersetzung mit Faschismus, Verantwortung und Schuld
- Spannungsverhältnis zur offiziellen Politik der Adenauer-Gesellschaft: Remilitarisierung, Auseinandersetzung mit unkritischer Konsumgesellschaft, Spießertum, konservativen gesellschaftlichen Werten
- Darstellung von Alltagserfahrungen, Privatheit von Erfahrungen
- Aufbau und Stabilisierung des Sozialismus, Helden der Arbeitswelt

Autoren und Werke

- **Bundesrepublik:** Dominanz der Lyrik, auch Kurzgeschichten als neues, aus den USA kommendes Genre: Ilse Aichinger, Alfred Andersch, Ingeborg Bachmann, Gottfried Benn, Heinrich Böll, Wolfgang Borchert, Paul Celan, Günter Eich, Günter Grass, Marie-Luise Kaschnitz, Wolfgang Koeppen, Hans Werner Richter
- **DDR:** Bruno Apitz, Johannes R. Becher, Bertolt Brecht, Peter Huchel, Anna Seghers

NACHKRIEGSLITERATUR — Checkliste

→ Existenz der BRD und der DDR mit unterschiedlichen literarischen Konzepten
→ Kahlschlagliteratur, Trümmerliteratur, Literatur der Stunde null
→ *Sozialistischer Realismus, Bitterfelder Konferenz, Ankunftsliteratur*
→ *Gruppe 47*: Suche nach neuen literarischen Formen und einer neuen Sprache
→ kritische Auseinandersetzung mit Krieg und politischer Verantwortung oder
→ Verleugnung und Verdrängung von Scham und Schuld
→ Darstellung der gesellschaftlichen Situation im Wirtschaftswunder-Land

Aufbruch in die Gegenwart I: Die neue Vielfalt (ca. 1960–1990)

KENNZEICHEN DER LITERARISCHEN STRÖMUNGEN

- → bis 1990: weiterhin **zwei Literaturen in Ost und West** wegen grundsätzlich unterschiedlicher ideologischer und gesellschaftspolitischer Rahmenbedingungen
- → **Pluralismus** und **Diversität** sind Kennzeichen dieser Zeit, deutlich weniger Gemeinsamkeiten feststellbar als bei früheren Strömungen
- → keine systematische Einteilung mehr möglich, allenfalls heterogene Tendenzen aufzeigbar
- → innerhalb der Literatur der Bundesrepublik verschiedene Entwicklungsphasen, die sich am Lebensgefühl der Zeit orientieren

Historisch-gesellschaftlicher Hintergrund

Bundesrepublik

- 1968 Studentenunruhen in Frankreich und der Bundesrepublik
- zunehmende Einwanderung von Südeuropäern und Türken als Arbeitskräfte für die boomende Wirtschaft („Gastarbeiter")
- 1970 Atomwaffensperrvertrag
- 1990 (3.10.) Deutsche Einheit

DDR

- 1971 Ablösung Walter Ulbrichts durch Erich Honnecker als Staatsratspräsident der DDR: kulturpolitische Liberalisierung, „Ende aller Tabus in der Kunst";
- 1976 Ausbürgerung Wolf Biermanns aus der DDR: gemeinsam unterzeichnete Protestaktion von über 70 Künstlern, daraufhin Repressionen in Form von Zensur, Hausarresten, Publikationsverboten, Ausschlüsse aus dem Schriftstellerverband, Verhaftungen; über 100 Künstler verlassen freiwillig oder unfreiwillig die DDR
- ab 1985 politische Liberalisierungstendenzen in Osteuropa (Gorbatschow)
- 1986 Katastrophe des Atomreaktors in Tschernobyl (Ukraine)
- 1989 Reformprozesse in der DDR, Montagsdemonstrationen in Leipzig; Fall der Mauer (9.11.)
- 1990 (3.10.) Deutsche Einheit

Weltbild, Menschenbild, Lebenskonzept

- Suche nach neuen, tragfähigen Menschenbildern in Auseinandersetzung mit der Geschichte sowie aktuellen gesellschaftlichen Strömungen
- Darstellung von Brüchen, Widersprüchen innerhalb des gesellschaftlichen Systems und die Auseinandersetzung des Individuums damit
- neue Rollenbilder Mann/Frau
- wachsendes Katastrophenbewusstsein durch Aufrüstung und Angst vor atomarer Bedrohung
- Einfluss der neuen Medien auf die Literatur

Kunst und Literatur

- *konkrete Poesie* (1950er- und 1960er-Jahre)
- sozialkritische und politisch engagierte Literatur, vor allem in den 1960er-Jahren
- Literatur der Arbeitswelt (1960er-Jahre)
- Dokumentartheater (1960er-Jahre)
- Alltagsliteratur und *Neue Subjektivität*, d. h. Rückzug ins Private (1970er-Jahre)
- feministische Literatur (1970er-Jahre)
- *Postmoderne* (ab den 1980er-Jahren): Begriff aus der Kunsttheorie und Architektur: Aufgreifen von und produktive Auseinandersetzung mit erzähltheoretischen Traditionslinien und konventionellen Themen der literarischen Moderne (ab 1880) führt zu Stilpluralismus, ironischer Spielerei, Intertextualtität
- experimentelle, poetologische, gesellschaftskritische, medienreflexive Literatur
- Abgrenzung von Traditionslinien in der Lyrik, Suche nach neuen adäquaten Ausdrucksformen
- Konzeptionen realistischen Schreibens
- interkulturelle Literatur in Folge von Zuwanderung aus süd- und außereuropäischen Kulturen

Themen und Motive

- relativ späte Auseinandersetzung mit Schuld und Verantwortung während der NS-Zeit
- Vater-Sohn-Konflikte als Teil der Auseinandersetzung mit der jüngeren Geschichte

- dokumentarische Darstellungen der Arbeitswelt
- Individualisierungstendenzen
- Emanzipation und Frauenbewegung
- Beziehungsprobleme aufgrund sich verändernder Rollenbilder und gesellschaftlicher Aufgaben
- gesellschafts- und staatskritische Themen
- Themen der kulturellen und sozialen Entfremdung sowie der Mehrsprachigkeit
- Modellentwürfe einer humanistischen Gesellschaft

Autoren und Werke

- **Autoren der BRD**: Heinrich Böll, Hans Magnus Enzensberger, Günter Grass, Rolf Hochhuth, Heinar Kipphardt, Wolfgang Koeppen, Siegfried Lenz, Patrick Süskind, Günter Wallraff, Martin Walser, Peter Weiss
- **Autorinnen der BRD**: Ulla Hahn, Brigitte Kronauer, Angelika Mechtel, Christa Reinig, Brigitte Schwaiger, Karin Struck, Gabriele Wohmann
- **Autoren der DDR**: Jurek Becker, Volker Braun, Christoph Hein, Stefan Heym, Peter Huchel, Uwe Johnson, Günter Kunert, Reiner Kunze, Erich Loest, Heiner Müller, Erik Neutzsch, Ulrich Plenzdorf
- **Autorinnen der DDR**: Sarah Kirsch, Monika Maron, Brigitte Reimann, Maxie Wander, Christa Wolf
- **deutschsprachige Autoren und Autorinnen**: Ingeborg Bachmann, Elfriede Jelinek, Christoph Ransmayr (Österreich), Friedrich Dürrenmatt, Max Frisch (Schweiz),

AUFBRUCH IN DIE GEGENWART I — Checkliste

→ bis 1990 weiterhin zwei deutsche Literaturen
→ heterogene Tendenzen, Stichworte: Pluralismus, Neue Subjektivität, Postmoderne
→ Darstellung von gesellschaftlichen Widersprüchen
→ Auseinandersetzung/Aufarbeitung (mit) der NS-Vergangenheit
→ neue Rollenbilder für Mann und Frau
→ wachsendes Katastrophenbewusstsein
→ Einfluss der neuen digitalen Medien auf die Literatur, Entstehung neuer Formen

Aufbruch in die Gegenwart II: Die neue Vielfalt (seit 1990)

KENNZEICHEN DER LITERARISCHEN STRÖMUNGEN

- im Sinne der **Postmoderne** Freiheit bezüglich der Formen und Stile: **„anything goes"**. Demokratisierungstendenzen in der Kunst
- die sogenannte **Wende** 1989/90 als entscheidendes Ereignis für die Entwicklung der Kunst im vereinten Deutschland
- **Migrationsbewegungen** mit Erfahrungen der Entfremdung
- **Globalisierungsphänomene**
- Dominanz der sogenannten neuen Medien wie Internet und social media sowie Pop- und Eventkultur generieren neue Formen der Kunst

Historisch-gesellschaftlicher Hintergrund

- 1990 (3.10.) Deutsche Einheit
- 1999 europäische Währungsunion
- 2002 Einführung des Euro
- 2004 Hartz-IV-Sozialreformen mit ökonomischen Erfolgen und sozialen Verwerfungen
- Umwelt- und Wirtschaftskrisen (z.B. Finanzkrise 2008, Katastrophe im japanischen Fukushima 2011 und Atomausstieg in Deutschland)
- Migration aufgrund von Verfolgung und Bürgerkriegen, in Deutschland 2015 sogenannte Flüchtlingskrise
- seit 2015 Radikalisierung populistischer politischer Positionen in der EU (Brexit-Votum in Großbritannien, rechtspopulistische Parteien erfolgreich)

Weltbild, Menschenbild, Lebenskonzept

- Entfremdungserfahrungen durch gesellschaftliche, wirtschaftliche, politische und kulturelle Diskontinuitäten und Brüche
- Individualisierung der Lebensentwürfe und Wertvorstellungen

- fast grenzenlose Möglichkeit der Selbstverwirklichung und Selbstinszenierung
- ständige Reflexion von Definitionen von Verhaltens- und Wertesystemen in einer sich rasant verändernden Welt
- Erfahrung von Angst und Bedrohung, des Gefühls des „Abgehängt-Werdens", des Scheitern der Lebensplanung

Kunst und Literatur

- Aufarbeitung der DDR-Zeit (*Wendeliteratur, Nachwendeliteratur*)
- Suche nach der eigenen Identität und Rolle
- misslingende Beziehungen, als defizitär empfundene soziale Strukturen
- Postmoderne: kein einheitliche ästhetisches Konzept, sondern Stilpluralismus, Offenheit, ironisches Spiel mit Traditionslinien, Intertextualität
- Variante postmoderner Literatur: Popliteratur als Versuch junger Autoren, die Grenzen zwischen anspruchsvoller und Unterhaltungsliteratur zu beseitigen, Integration von Zitaten, Stilmitteln und Statussymbolen der Werbung und der Unterhaltungsindustrie *(Generation Golf)*
- das sogenannte *Fräuleinwunder*: erfolgreiche Debütromane junger Frauen (ab 2000)
- Verwischung der Gattungsgrenzen: Tanz, Perfomance, Live-Art, Poetry Slam, dokumentarisches Material im Theater und in der Lyrik
- Möglichkeiten des Internets führen zu neuen Ausdrucksformen: Hypertextstrukturen, Intermedialität, Verwendung visueller Reize und Verlinken schaffen netzförmige Texte, die die konventionelle Erzählweise hinter sich lassen und nicht nur in Raum und Zeit neue Erzählräume eröffnen, sondern auch den Leser zum Co-Autor machen bzw. auch Autorenkollektive generieren.
- Hybridformen wie Netzliteratur und Graphic Novel, Bloggen, E-Mail-Romane
- interkulturelle Literatur vor dem Hintergrund der Multikulturalität und Mehrsprachigkeit
- zyklische Bewegung zum Teil gegenläufiger Tendenzen: von Politisierung über neue Subjektivität und Ästhetisierung, Anknüpfung und Rekombination von Traditionslinien zu experimenteller Literatur, auch sogenannte Hybrid-Texte durch Digitalisierung und zunehmende Visualisierung

Themen und Motive

- „Spaßgesellschaft", Eventkultur: neue Lebensentwürfe, Oberflächlichkeit, Scheitern
- Erinnerungskultur (Aufarbeitung der DDR, der Wende)
- formale Experimente sowie Alternativen des Erzählens mit Verzicht auf eine Erzählerinstanz oder lineares Erzählen
- Fremdheitserfahrungen und (inter-)kulturelle Identitäten
- Erfahrungen mit der Zweitsprache, sprachspielerische Experimente (vor allem in der Lyrik)
- sich verändernde Kommunikation(sformen), Kommunikationsstörungen in einer sich immer stärker sozial, kulturell und sprachlich ausdifferenzierenden Welt
- Fragen der Medienkommunikation, deren Möglichkeiten und Gefahren
- Gefahren wie Terrorismus, europäische Finanzkrise, Klimawandel, Umgang mit dem Internet
- zerrüttete Familienverhältnisse, Mobbing, Armut durch sozialen Abstieg oder Ausgrenzung
- Sichtbarmachung eigener Schreib- und Produktionsprozesse, Reflexion von Wirklichkeitskonstruktion (vor allem in der Lyrik)

Autoren und Werke

- **Epik**: Zsuzsa Bank, Sybille Berg, Marcel Beyer, Maxim Biller, Thomas Brussig, Tanja Dückers, Karen Duve, Jenny Erpenbeck, Julia Franck, Jakob Hein, Jutta Herrmann, Wolfgang Herrndörfer, Florian Ilies, Zoe Jenny, Wladimir Kaminer, Daniel Kehlmann, Christian Kracht, Clemens Meyer, Terezia Mora, Herta Müller, Emine Sevgi Özdamar, Joseph Ortheil, Sven Regener, Eugen Ruge, Rafik Schami, Bernhard Schlink, Ingo Schulze, Sasa Stanisic, Benjamin von Stuckrad-Barre, Yōko Tawada, Uwe Tellkamp, Feridun Zaimoğlu, Juli Zeh
- **Dramatik**: Lutz Hübner, Dea Loher, Urs Widmer, Yasmina Reza
- **Lyrik**: Ann Cotton, Ulrike Draesner, Nora Gomringer, Durs Grünbein, Thomas Kling, Uwe Kolbe, Dagmara Kraus, Bert Papenfuß, Steffen Popp, Monika Rinck, Lutz Seiler, Jan Wagner, Uljana Wolf

Im Zuge einer „**Demokratisierung**" des Literatur- oder Kunstbegriffs sind mittlerweile neue Formen des Schreibens erfolgreich, so zum Beispiel das **Bloggen**, das Schreiben einer Art Tagebuch im Internet, das jeder machen und das von jedem gelesen werden kann, und sogenannte

Poetry Slams, Dichterwettbewerbe, bei denen Autoren ihre Texte, meist Gedichte, mündlich vortragen, und es nicht nur auf die Qualität des Textes ankommt, sondern zudem darauf, wie der Autor seinen Text vorträgt („performt“), indem er singt, schauspielert, tanzt, den Text also künstlerisch gestaltet.
Was die **Gegenwartslyrik** betrifft, so zeigt sich hier ein genauso uneinheitliches Bild wie bei der Epik: Da es keine verbindliche oder verbindende Poetik gibt, aber eine Vielzahl von theoretischen Texten, in denen die Lyriker Auskunft geben, kann man von einer Diversifizierung in unterschiedliche Lyrik-Szenen sprechen, zu denen auch die Gruppe der poetry slammer gehört. Experimentelle Formen wie **Lautgedichte**, **visuelle Gedicht-Konstruktionen** (etwa die Wortlisten und Faux Amis von Uljana Wolff) oder **intertextuelle Sprachspielereien** (Ann Cotten, Dagmara Krauss) setzen zum einen die Tradition der Konkreten Poesie der 1960er-Jahre (u.a. Ernst Jandl) fort. Zum anderen finden sich Gedichte, die in der Auseinandersetzung mit traditionellen Formen (Sonett, Ode, Elegie) und Bildern sowie persönlichen Erfahrungen (Erlebnislyrik des 18. Jahrhunderts vs. Selbstinszenierung oder Ereignislyrik) neue poetische Ausdrucksvariationen entwickeln. **Mehrsprachigkeit** ist ein wichtiges Thema auch in der Lyrik und hängt sowohl mit der multikulturellen Sozialisation der Autoren als auch mit ihrer Übersetzertätigkeit, der Personalunion Lyriker/Übersetzer zusammen. Die Gedichte experimentieren nicht nur im Umgang mit Sprache, sondern reflektieren die Möglichkeiten des eigenen Sprechens und hinterfragen analog dazu die eigenen poetischen Wirklichkeitskonstruktionen. Zu den konventionellen Theme sind weitere Themenbereiche wie Kommunikationsformen mit, durch und über Medien sowie digitale Informationstechnologien hinzugekommen.

AUFBRUCH IN DIE GEGENWART II — Checkliste

- 1990 Deutsche Einheit
- die „Wende“ als entscheidendes Ereignis für die Literatur
- interkulturelle Literatur durch Migrations- und Globalisierungserfahrungen
- Digitalisierung generiert neue literarische Formen und Ausdrucksmöglichkeiten
- Entfremdungserfahrungen, Identitätssuche, Individualisierung von Lebensentwürfen
- Selbstinszenierung und Parallelexistenzen in den neuen Medien
- Reflexion von Wirkungsmöglichkeiten von Literatur

2

REFLEXION ÜBER SPRACHE

Geschichte der deutschen Sprache

Es gibt keine klar eingrenzbaren und eindeutig definierten Epochen der Sprachgeschichte. Sprachliche Kriterien wie das Lautsystem, der Wortschatz, die Grammatik als auch außersprachliche Kriterien wie kulturgeschichtliche und mediengeschichtliche Besonderheiten werden in den Blick genommen.

Die folgende Tabelle zeigt die gängige sprachgeschichtliche Einteilung der Entwicklung des Hochdeutschen.

Sprachgeschichte

Althochdeutsch (ca. 750 bis 1050)	
Kennzeichen	• älteste schriftlich überlieferte deutsche Sprachform • Die fränkischen Könige bemühen sich um die Volkssprache.
Schreiborte und Schreiber	Schreiborte sind in erster Linie Klöster, geschrieben wird von Mönchen und anderen Geistlichen.
Textsorten	• Übersetzungen lateinischer Einzelwörter und Wortgruppen • biblische und andere religiöse Texte • vereinzelt auch heidnische Zaubersprüche

Mittelhochdeutsch (ca. 1050 bis 1350)	
Kennzeichen	• Sprache des Hofes und der Ritterkultur • Entlehnungen aus der französischen Hofsprache
Schreiborte und Schreiber	Geschrieben wird im klerikalen und adligen Milieu.
Textsorten	• religiöse Texte • höfische Epen • Minnelyrik

Frühneuhochdeutsch (ca. 1350 bis 1650)	
Kennzeichen	• Die Erfindung des Buchdrucks, die Reformation und die Bibelübersetzung prägen die Sprachepoche. • Diphthongierung und Monophthongierung sind wichtige sprachliche Eigenheiten.
Schreiborte und Schreiber	Bürgerliche, religiöse und politische Schreiber benutzen das Deutsche. Geschrieben wird in Kanzleien, Druckereien und Klöstern.
Textsorten	• religiöse Texte • Bibelübersetzung • Flugschriften • Akten und Urkunden • Korrespondenzen • Volksliteratur

Neuhochdeutsch (ab ca. 1650)	
Kennzeichen	• das Bemühen um eine eigenständige und anspruchsvolle deutsche Sprache • bis heute Beeinflussung der Sprache durch unterschiedliche Entwicklungen und Fremdsprachen
Schreiborte und Schreiber	Ausbreitung der Schreibkompetenz auf breite Volksschichten
Textsorten	• Literatur • wissenschaftliche Texte • private und geschäftliche Korrespondenzen

Beispiel für die Veränderung eines Wortes

Althochdeutsch (ahd): *frouwe*, mittelhochdeutsch (mhd): *vrouwe* sind, wie der altisländische Name der Göttin *Freyja*, weibliche Bildungen zu einem im Deutschen untergegangenen germanischen Wort für „Herr".
Im Deutschen war *frouwe/vrouwe* lange Zeit die Bezeichnung von Dame, Herrin, also für eine Frau von Stand, wovon heute noch die Anrede „gnädige Frau" in der Gegenüberstellung zu „(mein) Herr" zeugt. Auch das Wort „Hausfrau" (mhd. *husvrouwe*) bedeutet eigentlich „Hausherrin". Als Standesbezeichnung wurde das Wort „Frau" seit dem 17. Jahrhundert von „Dame" verdrängt. In der heutigen Bedeutung von „erwachsene weibliche Person, Ehefrau" ist es an die Stelle des mhd. Wortes *wip* (=Weib) getreten, das heute eine eher pejorative Bedeutung hat.

Sprachwandel und Sprachvarietäten

Sprachwandel ist ein natürlicher Prozess, da Sprache lebt, sich anpasst, flexibel auf Veränderungen reagiert.

WIE UND WARUM WANDELT SICH SPRACHE

- enger Zusammenhang zwischen **Sprachgebrauch** und **Zeitgeschichte**
- Sprache wandelt sich im Laufe der Jahrhunderte ständig unter dem Einfluss bedeutender **historischer, kulturpolitischer und gesellschaftlicher Ursachen**, wie z. B. Aufwertung der nationalen Identität, Erfindung des Buchdrucks im 15. Jahrhundert, Bibelübersetzung Luthers im 16. Jahrhundert.

Zeitliche Phasen des Sprachwandels

- Dominanz des Italienischen und Französischen in der Renaissance und im Absolutismus (Bankwesen, Oper, Literatur)
- Ende des 19. Jahrhunderts: Einführung einer deutschen Standardsprache als Konstrukt, basierend auf den norddeutschen Regiolekten
- ab dem 20. Jahrhundert: zunehmender Einfluss des britischen und amerikanischen Englisch, vor allem in der kulturellen Szene und der Unterhaltungsindustrie; Ablösung des Deutschen als Wissenschaftssprache
- nach dem Zweiten Weltkrieg: USA wird Weltmacht, Englisch wird internationale *lingua franca*; „Sozialprestige“
- ab den 1990er-Jahren: zunehmender Einfluss der sogenannten Neuen Medien auf den Sprachgebrauch (Digitalisierung)
- Globalisierung, Migrationsbewegungen verändern Grammatik, Syntax, Wortschatz

→ Zunahme von Anglizismen, Tendenz zur Ökonomisierung („Trampelpfad“-Theorie), Einfluss von Ethnolekten (Kiezdeutsch), Mehrsprachigkeit (code-switching), „konzeptionelle Mündlichkeit“: Schreib, wie du sprichst.

REAKTIONEN AUF DEN SPRACHWANDEL

- **Akzeptanz**, Einschätzung als Bereicherung der eigenen Sprache
- **Ablehnung**, Sprachpurismus („Reinhalten" der Sprache nach französischem Vorbild: Forderung nach Eingreifen des Staates in die Sprachentwicklung)

Folgende **Kritik** wird unter anderem **am Sprachwandel** geäußert:

- Bürokraten- und Amtsdeutsch
- zunehmender Fremdwortgebrauch, vor allem von Anglizismen
- der (negative) Einfluss des Internets und der sozialen Medien auf den Sprachgebrauch:
  a) Tendenz zur Mündlichkeit,
  b) Vernachlässigung eines grammatikalisch korrekten Deutsch,
  c) Tendenz zur Vereinfachung, Verkürzung, → Destandardisierung
- der Einfluss von Ethnolekten, gefördert durch die Medien, Stichwort: Kiezdeutsch

Aber es wird mitunter schneller Sprachwandel gefordert:

- sexistischer Sprachgebrauch und nicht gendergerechte Sprache sollen abgelöst werden

Aktuelle Veränderungen der Gegenwartssprache	
Lexik	Anglizismen; Jugendsprache; Internet/Digitalisierung; Ethnolekte (Kiezdeutsch); Gender-Sprache im Zuge der sogenannten *political correctness*
Semantik	Zunahme von expressiven Füllwörtern (voll, komplett, total), Zunahme von Euphemismen (bildungsferne Schichten), neue Suffixe („-mäßig", „-wertig"), Abkürzungen im Zuge der Ökonomisierungstendenz (Navi, lol, lg, lmao)
Syntax	epistemisches „weil" (nach der Konjunktion „weil" Gebrauch eines Hauptsatzes), Verkürzung von Sätzen zu Parataxen, rheinische Verlaufsform (ich bin gerade am Tun), Analogiebildung, *trotzdem* als Konjunktion.

Aktuelle Veränderungen der Gegenwartssprache	
Grammatik	Unsicherheit bei der Flexion von Verben (*downgeloaded* oder *gedownloaded*), Abnahme des Gebrauchs starker Verben (*Ess das auf! Les das!*), Zurückweichen des Genitivs (von der synthetischen zur analytischen Sprache), Zurückweichen des Konjunktivs (Umschreibung mit würde), Wegfall der Deklinationsendungen im Akkusativ (*ich sehe niemand*), falsche Konstruktion des Komparativs oder Superlativs (*mehr angenehm, der Einzigste*), brauchen ohne „zu“ , keine Unterscheidung zwischen Adjektiv und Adverb, Zunahme der Verwendung des (falschen) Pural-s (die Jungens und Mädels)
Orthografie	„Deppen“-Apostroph (*Gaby's Bratwurstbude, er reitet durch's Revier*), Elision des „e“, Doppelschreibungen

Sprachvarietäten, die sich neben der Hochsprache herausgebildet haben	
geografischer Bezug	Dialekt, Regiolekt, Jargon, Ethnolekt
gesellschaftlicher Bezug	Soziolekt, beispielsweise: Jugendsprache, Kiezsprache, berufliche Fachsprache, Ideolekt
kommunikativer Bezug	Ideolekt, Fachsprache, Hochsprache, Bildungssprache, Umgangssprache, Kiezsprache

Kommunikationsmodelle

ALLGEMEINES ZU MODELLEN

- Sie sind **theoretische Konstruktionen** mit Erklärungsfunktion für bestimmte Phänomene.
- Sie abstrahieren von individuellen Bedingungen und Dispositionen.
- Sie reduzieren und vereinfachen zum Zweck der **Verständlichkeit** und **Anschaulichkeit**.
- Sie treffen generelle Aussagen und sind damit praktikabel und vielfach einsetzbar.
- Ihr Abstraktionsgrad ist relativ hoch.

Das Organonmodell

Grundlage für die Entwicklung aller neueren Kommunikationsmodelle ist das Organonmodell von Karl Bühler (1879–1963). Bühler versteht Sprache als ein Werkzeug (= Organon), mittels dessen jemand seinem Gegenüber etwas mitteilt.

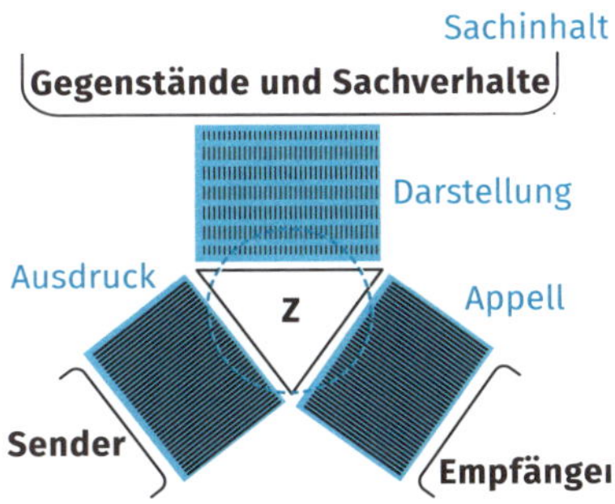

Erläuterung des Modells:

- **Z** (in der Mitte): das sprachliche Zeichen, auf dessen Grundlage die folgenden drei Grundfunktionen von Sprache miteinander in Beziehung treten.
- Gegenstände und Sachverhalte: Der Inhalt der Kommunikation, das, worüber geredet wird: *Das Haus brennt.*
- Darstellung: bezieht sich auf den Sachverhalt der Information, Beispiel: *Es brennt.*
- Ausdruck: bezieht sich auf den Sender, dessen Selbstäußerung; Beispiel: *Hilfe! Feuer!*
- Appell: bezieht sich auf den Empfänger, die in der Information enthaltene Handlungsanweisung, die intendierte Reaktion des Empfängers, Beispiel: *Ruf die Feuerwehr!*

- Je nach Intention des Senders dominiert jeweils eine andere Funktion in einem Sprechakt.

Funktion	Textsorte
Darstellung	Nachricht, Bericht, Protokoll, Gebrauchsanweisung, Beschreibung, Referat
Ausdruck	Tagebucheintrag, Gedicht, Brief, Kommentar, Laudatio
Appell	Rede, Wahlkampfplakat, Flugblatt, Werbung, Predigt

Das einfache Kommunikationsmodell (entwickelt aus dem Modell zur Nachrichtenübertragung)

Das Grundprinzip der Kommunikation besteht im Wechselspiel zwischen Sender und Empfänger, wobei der Empfänger wiederum Sender wird und umgekehrt.

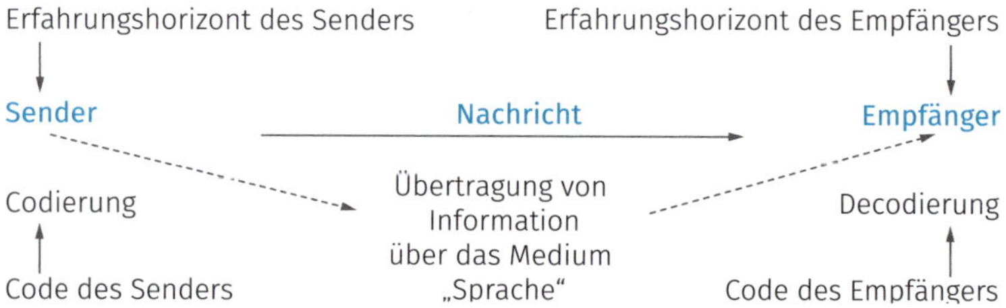

Erläuterung des Modells
Der Sender codiert seine Nachricht, d.h. er setzt sie in Sprache um und begleitet sie mit non-verbalen (Mimik, Gestik, Körpersprache) und paraverbalen (Tonfall) Signalen, die jeweils vom Empfänger decodiert werden müssen, damit die Kommunikation gelingt.

In dem obigen einfachen Modell fehlen folgende Aspekte:

- die Interaktion (=das zwischenmenschliche Handeln), denn die Kommunikation verläuft nicht eindimensional,
- Sender und Empfänger sind Menschen, keine Maschinen, d.h. die Ebene des Ausdrucks und des Appells fehlen,
- die Rahmenbedingungen, unter denen Kommunikation abläuft, fehlen: die konkrete politische, gesellschaftliche, soziale, wirtschaftliche und kulturelle Situation,
- Sprachverwendung ist keine eindeutige Zeichenübermittlung, vielmehr fehlen die non-verbale und paraverbale sowie die Beziehungsebene und die psychische Dispositon des jeweiligen Gesprächspartners.

Folgende Rahmenbedingungen müssen u.a. erfüllt sein, damit die Kommunikation gelingt:

- ein gemeinsamer historischer Kontext bzgl. des Normen- und Wertesystems,
- ein gemeinsamer sozio-kultureller Kontext bzgl. des Normen- und Wertesystems,
- eine ähnliche Definition des situativen Kontextes,
- ähnliche Sozialisation, ähnliche Erfahrungen, ähnliche psychische Disposition,
- eine gemeinsame Sprache.

Die Axiome Paul Watzawicks (1921–2007)

Der Psychotherapeut und Kommunikationswissenschaftler Paul Watzlawick beschäftigt sich in seiner Praxis der Familien- und Paartherapie vor allem mit Fällen gestörter Kommunikation. Seine Überlegungen gehören inzwischen zu den Klassikern der Kommunikationstheorie und bilden die Grundlagen für a) die Analyse von Sachtexten und b) für die Analyse von Alltagskommunikation in literarischen Texten wie Kurzgeschichten und Dramenszenen.

Axiom	Erläuterung
Man kann nicht nicht kommunizieren.	Sobald zwei Menschen einander wahrnehmen, kommt es zur einer Kommunikation, sie müssen einander gar nichts sagen. Jedes Verhalten hat eine kommunikative Bedeutung.
Jede Kommunikation hat einen Inhaltsaspekt und einen Beziehungsaspekt, wobei Letzterer den Ersteren bestimmt.	Inhaltsaspekt: Sachverhalt; das, worüber geredet wird; Beziehungsaspekt: so wie der Sprecher seine Botschaft verstanden haben will bzw. wie er den Gesprächspartner einschätzt; Idealfall: die Kongruenz zwischen Inhalts- und Beziehungsaspekt; falls die Beziehungsebene die Inhaltsebene dominiert, kann ein sachorientierter Austausch verhindert werden; eine „double-bind" Situation ist möglich.
Menschliche Kommunikation ist sowohl digital (verbal) als auch analog (non-verbal, paraverbal).	digital = verbal, sprachlich, i.d.R. eindeutig; analog = non-verbal (Mimik, Gestik, Körpersprache) und paraverbal (Tonfall), nicht immer eindeutig

Axiom	Erläuterung
Kommunikationsabläufe sind entweder a) symmetrisch oder b) komplementär.	a) Gesprächspartner sind gleichgestellt, ebenbürtig, gleich berechtigt, „auf Augenhöhe. b) Gesprächspartner basieren auf sich ergänzenden Unterschieden hinsichtlich der sozialen Schicht, des Alters, gesellschaftlicher Hierarchien wie institutionalisierten Rollen.

Das Nachrichten-Quadrat von Friedemann Schulz von Thun (geboren 1944)

Es ist das bekannteste und weitverbreitete Modell für die Erklärung sowohl privater Alltagskommunikation als auch beruflicher Kommunikation. Nach Schulz von Thun, der das Watzlawick'sche Modell erweitert, hat jede Information in einer Kommunikation vier Seiten.

Das Nachrichten-Quadrat (= Vier-Seiten-Modell)

- **Sachebene** – Die Information über eine Sache steht im Vordergrund. Es werden Fakten, Daten und Sachverhalte vermittelt. Oberstes Ziel des Senders ist die klare und verständliche Formulierung der Information.
- **Die Appellseite** – Auf dieser Ebene geht es dem Sender um die (wenn auch nicht immer bewusste) Beeinflussung des Empfängers. Der Sender vermittelt Appelle, Ratschläge oder Handlungsanweisungen.
- **Die Beziehungsseite** – Durch bestimmte Formulierungen oder durch den Tonfall seiner Äußerungen gibt der Sender zu erkennen, wie er zu dem Empfänger steht.
- **Die Selbstkundgabe** – Alle Äußerungen des Senders beinhalten immer auch eine Information über den Sender selbst (gewollt oder nicht gewollt).

Schulz von Thun ergänzt das Nachrichten-Quadrat um das Vier-Ohren-Modell, weil nicht nur die Nachricht des Senders vier Teilbotschaften enthält, sondern auch der Empfänger entscheiden kann, welchem Teilaspekt der Kommunikation er besonderes Gewicht verleiht, mit welchem „Ohr“ er hören will.

Das Vier-Ohren-Modell nach F. Schulz von Thun

- **Das Inhaltsohr** – Wie ist der Sachverhalt zu verstehen? In der Regel sind wir als Empfänger besonders daran gewöhnt, unsere Aufmerksamkeit auf die mitgeteiten Inhalte zu lenken.
- **Das Appellohr** – Was soll ich tun, denken oder fühlen aufgrund der Mitteilung? Das Appellohr ist für die Wahrnehmung von Handlungsaufforderungen zuständig. Von großer Bedeutung sind dabei die körpersprachlichen Appelle. Solche Apelle können durchaus in völligem Widerspruch zur Aussage auf der verbalen Ebene stehen.
- **Das Beziehungsohr** – Wie redet der Sender mit mir? Wen glaubt er vor sich zu haben? Das Beziehungsohr empfängt die in jeder Nachricht enthaltenen Mitteilungen über die Art der Beziehung. Bei dem mit einer Nachricht gesendeten „Beziehungsangebot“ kommt es ganz wesentlich auf den Klang der Stimme, die Mimik und Gestik an.
- **Das Selbstoffenbarungsohr** – Was ist das für einer? Was ist mit ihm? Das Selbstoffenbarungsohr empfängt die Teile einer „Nachricht“, die die eigenen Befindlichkeiten, Gefühle und Wertungen betreffen. Dies kann auf der verbalen Ebene stattfinden, aber für die Glaubwürdigkeit und damit die eigene Befindlichkeit entscheidender sind die Mitteilungen auf der nonverbalen Ebene (Tonfall, Mimik und Gestik).

Das Modell der gewaltfreien Kommunikation nach Marshall B. Rosenberg (1934–2015)

Das Konzept der gewaltfreien Kommunikation soll Menschen ermöglichen, so miteinander umzugehen, dass die Kommunikation zwischen ihnen verbessert wird und kann sowohl im Alltag als auch bei Konfliktsituationen im Beruf angewandt werden. Es handelt sich nicht um eine Technik, sondern um eine wertschätzende Grundhaltung dem Gesprächspartner gegenüber. Rosenberg unterscheidet bei der Analyse von Kommunikationssituationen zwischen Wolfs- und Giraffensprache.

Wolfssprache

- unserer „normaler“ sozialer Umgangston
- gekennzeichnet durch Kritik, Wertungen, Strafandrohungen, Regeln und Normen, sich im Recht fühlen
- kann Aggressionen provozieren

Giraffensprache

- Sprache des Herzens
- auf Gefühle achtend
- Bedürfnisse des anderen herausfinden
- bitten statt fordern

Vier Schritte, nach denen Gespräche der gewaltfreien Kommunikation ablaufen

1	Beobachtung ohne Bewertung
2	Gefühle ausdrücken
3	Bedürfnisse erkennen und akzeptieren
4	Bitten aussprechen

Schwierigkeiten der Methode

- Voraussetzung eines ruhigen und gefestigten Gesprächspartners als Beteiligter in belastender Konfliktsituation
- Das Einnehmen einer inneren Distanz – wie ein Moderator zu sein – setzt viel Erfahrung und Übung voraus.

Sprachphilosophie

DIE SPRACHPHILOSOPHIE BESCHÄFTIGT SICH MIT FRAGEN UND UNTERSUCHUNGEN

- über den **Ursprung** der Sprache
- über das **Wesen** der Sprache
- über die **Bedeutung** von Sprache.

Schon *Platon* und *Aristoteles* haben sich mit sprachphilosophischen Fragen beschäftigt; die moderne Sprachphilosophie beginnt mit dem Fragen nach dem Verhältnis von Mensch, Welt und Sprache im 18. Jahrhundert.

Johann Gottfried Herder (1744–1803) begründet mit seiner Abhandlung „Über den Ursprung der Sprache“ (1772) die deutsche Sprachwissenschaft; bei ihm bekommen die sprachphilosophischen Fragen eine anthropologische Richtung, denn Herder fragt immer nach dem Menschen und danach, was einzelne sprachliche Phänomene für ihn und seine Weltsicht bedeuten.

Wilhelm von Humboldt (1767–1835) formuliert, dass Sprache nicht nur Verständigungsmittel ist, sondern: „Sprache ist das Organ des Denkens“, damit Grundbedingung unserer menschlichen Existenz und unserer Erkenntnis. Die Unterschiedlichkeit der Sprachen besteht nach Humboldt nicht nur in deren Lautung und Zeichen, sondern in der Verschiedenheit der Weltsichten.

Benjamin L. Whorf (1897–1941) greift *Humboldts* These von der sprachlich bedingten Weltsicht auf bei der Untersuchung von nordamerikanischen Indianersprachen und begründet mit seinem Lehrer *Edward Sapir (1894–1934)* die sogenannte *Sapir-Whorf-Hypothese* bzw. die Theorie des *„linguistischen Relativitätsprinzips“*. Diese radikal formulierte Theorie besagt, dass „die Sprache den einzigen uns bekannten Zugang zu der Sphäre des Denkens darstellt“, dass die Grammatik einer bestimmten Sprache unser Denken beherrsche, sodass die jeweiligen sprachlichen Strukturen nur eine relative Vorstellung von Wirklichkeit ermöglichten.

Ludwig Wittgenstein (1889-1951) behauptet: „Die Grenzen meiner Sprache sind die Grenzen meiner Welt“.

Noam Chomsky (geb. 1928) geht in seiner Nativismustheorie von einer allen Sprachen zugrunde liegenden *Universalgrammatik* aus. Gestärkt werden diese Ansätze auch durch neuere Forschungen in den Neurowissenschaften, die nachzuweisen versuchen, dass ein bestimmtes Sprach-Gen (FoxP3) für die Entstehung und Entwicklung von Sprache ausschlaggebend sei.

Sprechen – Denken – Wirklichkeit

DIE ZENTRALE FRAGE

Kann man etwas denken, wofür es kein Wort gibt? Diese Problematik ist äußerst komplex, kann daher nur angerissen werden.

Die extremen Positionen	und deren Varianten
Sprechen und Denken sind identisch, das Denken ist inneres Sprechen (Identitätstheorie).	vertreten u.a.durch *John B. Watson*, 1878–1958); Ablehnung eines von der Sprache unabhängigen Denkens, aber auch Ablehnung des Konzepts, dass Denken und Sprechen eins seien (*Lew Wygotski*, 1896–1934)
Sprechen und Denken sind zwei getrennte Bereiche, die allerdings voneinander abhängig sind (Disparitätstheorie).	• Das Denken bestimmt die Sprache, sie entwickelt sich aus dem Denken. • Die Sprache beeinflusst das Denken, indem sie ihm bestimmte Bahnen vorgibt (*Sapir-Whorf-Hypothese*). • Sprechen und Denken stehen in gegenseitiger Abhängigkeit voneinander, das eine ist ohne das andere nicht möglich.

Spracherwerb

- meint den unbewussten und implizit verlaufenden Prozess beim Erlernen der Muttersprache
- findet im alltäglichen sozialen Kontakt mit Eltern bzw. der nahen Umgebung statt
- geschieht in relativ kurzer Zeit, also schnell im Gegensatz zum Erlernen von Zweitsprachen
- geschieht in unterschiedlichen Phasen:

- erste Lallphase (durch zufällige Musekelbewegungen, ab 2 Monaten),
- zweite Lallphase (mit Silbenketten, z. B. dadada, gaga, ab 6 Monaten),
- bewusste Steuerung der Mundbewegungen (Formen von Doppelsilben, z. B. Mama, ab 9 Monaten),
- Phase der sogenannten Protowörter (z. B. wauwau, balla, ab 12 Monaten),
- Phase der Zwei-Wort-Sätze, zeitgleich das erste Fragealter (ab 1 ½ Jahren),
- zweites Fragealter (Warum? Wie?, ab 3 Jahren),
- Beherrschung der Grundgrammatik und des Grundwortschatzes (ab 4 Jahren),
- Reimen und Zerlegen von Wörtern als Grundvoraussetzung für das Erlernen von Lesen und Schreiben (ab 6 Jahren).

Theorien	Erläuterungen
Behaviourismustheorie, u. a. vertreten durch B. F. Skinner	Sprache ist ausschließlich ein Produkt der Nachahmung.
Nativismustheorie, u. a. vertreten durch N. Chomsky, S. Pinker	Jeder Mensch verfügt über eine angeborene Universalgrammatik, das ist ein abstraktes syntaktisches Wissen, auf dessen Grundlage Kinder ihre Muttersprache schnell erlernen.
Kognitivismustheorie, basierend auf J. Piagets Theorie der Entwicklung kindlicher Kognition	Spracherwerb lässt sich aus der Fähigkeit zu denken erklären (ohne Universalgrammatik), angeborene Lernstrategien.
Kognitivismus wird ergänzt durch *Interaktionismus*.	Beim Spracherwerb wird größeres Gewicht auf den Einfluss der sozialen Interaktion gelegt.

Der bisher nicht gelöste Streitpunkt besteht in der Frage, ob Sprache eher als eine kulturelle Eigenschaft oder als ein angeborenes Bio-Programm bzw. das Ergebnis kreativer Denkprozesse zu begreifen ist.

Medien

Merkmale, Nutzen und Gefahren der Medien

ZENTRALE BEGRIFFE

- **Mediale Texte =** massenhaft über Medien (Presse, Rundfunk, Fernsehen, Internet usw.) verbreitete Texte, z. B. Zeitungstexte, Werbetexte
- **Crossmedia =** Nutzung unterschiedlicher Medientypen zur Übermittlung von Informationen (z. B. Printmedien und Internet)
- Wichtigste Massenmedien der Gegenwart: Internet und Fernsehen

Abi Tipp

LAYOUT BEACHTEN

Sie haben in einer Abituraufgabe etwa Auszüge aus Webseiten als Originalausdruck?
Achten Sie bei der Textanalyse bzw. -interpretation auch auf das Layout!

→ ***Aussage und Wirkung eines Textes entstehen aus dem Zusammenspiel von Text-, Bild- und Grafikelementen.***

Das Internet und moderne Kommunikationsformen wie Facebook, Twitter oder WhatsApp besitzen spezifische Kommunikationsstrukturen, z. B. in Form von

- digitalen Sachtexten
- Blogs
- Internetforen
- Chats
- E-Mails
- Sprachnachrichten
- SMS

Die Möglichkeiten des globalen Austausches bringen neben Vorteilen auch Gefahren mit sich:

Internetkriminalität

Traditionelle Formen der Kriminalität werden z.T. durch das Internet begünstigt. Ebenso entstehen neue Formen der Kriminalität.
Zu häufig vorkommenden Straftaten gehören:

- Ausspähen vertraulicher Daten durch E-Mails (*Phishing*)
- technische Eingriffe durch Viren, Würmer oder Trojaner
- missbräuchliche Nutzung von Kreditkarten
- betrügerisches Anbieten von Waren und Dienstleistungen
- Verstöße gegen das Urheberrecht
- Cyber-Mobbing
- Verbreitung von pornographischem, extremistischem oder rassistischem Material

Verlust der Privatsphäre

Jede/r Internet-Nutzer/in hinterlässt Spuren im World Wide Web.
Gefahrenquellen für den Verlust der Privatsphäre:

- unüberlegter Umgang mit persönlichen Daten in der digitalen Welt
- Sammlung personenbezogener Daten durch Dritte zur Erstellung von Nutzerprofilen, z. B. für Werbezwecke
- Ausspähen privater Daten durch staatliche Geheimdienste; Ziel: weitreichende Überwachung von Privatpersonen, Unternehmen u. a.

Veränderungen des Sozialverhaltens

- Die vielfältigen Möglichkeiten des Internets bergen Suchtpotenzial. Es wird zum Beispiel übermäßig viel Zeit mit Online-Spielen oder in sozialen Netzwerken verbracht.
- Kontroverse Diskussion in Wissenschaft und Öffentlichkeit
  → ***Positionen:*** *Führt intensive Nutzung des Internets …*

negative Deutung	positive Deutung
… zu Beeinträchtigung der Kommunikation mit anderen? … zu selbst verursachter Isolation?	… zu Intensivierung kommunikativer Prozesse durch spezifische Kommunikationsformen im globalen Netz?

Sprache im Internet

MERKMALE DER NETZ-SPRACHE

- Veränderungen im Wortschatz durch (die) gehäufte Verwendung von Wörtern aus anderen Sprachen; v. a. Anglizismen, z. B. „Backup“, „Chat“, „Account“ usw.
- Verwendung von
  Emoticons, z. B. Smileys
  Aktionswörtern, z. B. „freu“ oder „grins“
  Abkürzungen und Akronymen, z. B. „LOL“ für „Laughing Out Loud“ bzw. „Lots Of Luck“ oder „MOTD“ für „Message Of The Day“
- Orientierung des sprachlichen Duktus an der gesprochenen Umgangssprache

Es wird kontrovers diskutiert, welchen Einfluss die spezifischen Kommunikationsformen der neuen Medien auf die Alltagssprache und die Sprachkompetenz vor allem junger Menschen besitzen.
Im Wesentlichen gibt es drei Positionen mit folgenden Argumentationen:

A	Die Netz-Sprache weicht von den Regeln der Standardsprache erheblich ab. Sie wirkt sich daher negativ auf die mündliche und schriftliche Sprachkompetenz Jugendlicher aus.
B	Die Netz-Sprache kommt nur im Freizeitbereich vor. In anderen Nutzungskontexten spielt sie kaum eine Rolle und wirkt sich daher auch nicht negativ auf die Sprachkompetenz aus.
C	Die Netz-Sprache ist ein eigenständiges Sprachmedium und daher keine Bedrohung für die deutsche Sprache insgesamt. Die beobachtbaren Spezifika in der Sprachverwendung sind eher eine Bereicherung als eine Gefahr.

Abi Tipp

Hier handelt es sich um eine kontroverse Diskussion, daher ist es nötig, die einzelnen Sachverhalte unterschiedlich darzustellen und zu bewerten.

→ Darstellung und Bewertung einzelner Sachverhalte unterschiedlich

Zeigen Sie, dass Sie andere Positionen kennen und einen eigenständigen Standpunkt entwickeln/einnehmen können.

ZENTRALER BEGRIFF: KONZEPTIONELLE MÜNDLICHKEIT

Elemente der gesprochenen Sprache in eigentlich schriftlichen Kommunikationsformen wie E-Mail, WhatsApp-Nachricht etc.

Beispiele
- umgangssprachliche Wendungen, z. B. „Tach“ statt „Guten Tag“
- Verkürzungen, z. B. „nich“ statt „nicht“
- Verwendung von Aktionswörtern, z. B. „stöhn“, „würg“ usw.

→ ***Hintergrund: u. a. Wunsch nach Nähe zum Adressaten***

REFLEXION ÜBER SPRACHE — Checkliste

Überprüfen Sie, ob Sie die folgenden Fragen zum Lernbereich Reflexion über Sprache beantworten können:

→ Wodurch unterscheidet sich die ontogenetische von der phylogenetischen Sprachentwicklung?

→ Begründen Sie die These, dass Sprachgeschichte immer auch Zeitgeschichte ist.

→ Welches Phänomen von Sprache wird mit dem Begriff Sprachvarietät ausgedrückt?

→ Wie wurde der Ursprung der Sprache seit Ende des 19. Jahrhunderts erklärt?

→ Nachahmungstheorie – Nativitätstheorie: Können Sie die beiden Positionen erläutern und gegeneinander abgrenzen?

→ Welcher Sachverhalt wird in der gegenwärtigen Forschung zum Erwerb der Sprache bei Kleinkindern noch kontrovers diskutiert und in welchen Punkten besteht ein Konsens?

→ Können Sie das sprachliche Relativitätsprinzip erklären und dazu begründet Stellung nehmen?

→ Ist es Ihnen möglich, die folgende kurze Fabel unter Einbezug Ihres sprachtheoretischen Wissens zu interpretieren?

3 ANALYSIEREN UND INTERPRETIEREN

Grundprinzip

Begrifflichkeit der Aufgabenstellung

„Analysieren Sie…" „Interpretieren Sie…", „Erschließen und Interpretieren Sie…", sind **Schreibaufforderungen (Operatoren)**, die in jedem Bundesland leicht unterschiedlich verwendet werden, aber letztlich auf den gleichen Denk- und Schreibvorgang hinauslaufen.

ZENTRALE BEGRIFFE

- **„Analysieren Sie" / „Interpretieren Sie…":** Ausformulieren der Deutungsidee, basierend auf einer Deutungshypothese und den Ergebnissen der Textuntersuchung
- **„Erschließen Sie…" / „Gehen Sie auch auf (…) ein":** inhaltliche, sprachliche und gegebenfalls formale Untersuchung des Textes („Textbeschreibung")
  Achtung: In manchen Bundesländern bezeichnet „Interpretieren Sie…" sowohl den Erschließungs- als auch den Deutungsvorgang

Dabei kann man sich den Zusammenhang zwischen Erschließung/Untersuchung und Analyse/Interpretation so vorstellen: **Sprachliche und formale Gestaltung des Textes sind wie ein Transportmittel für den Inhalt**. Ihre genaue Untersuchung bildet die Grundlage für die Interpretation.

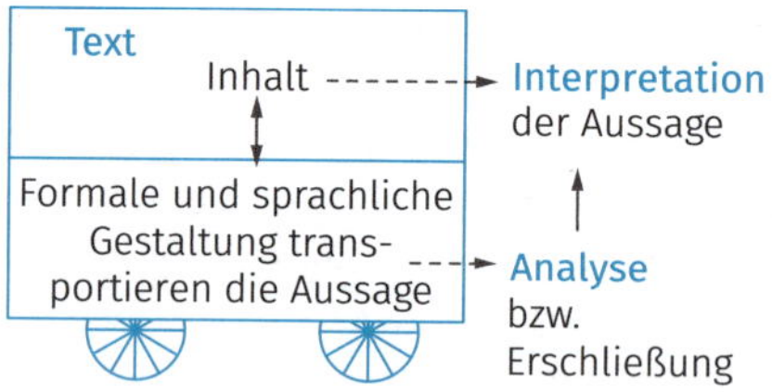

Abi Tipp

OPERATOREN KLÄREN

Es kann sein, dass die Klausuren, die Ihre Lehrkraft gestellt hat, andere Operatoren enthalten als die Aufgabenstellung der Abiturprüfung. Daher:

→ vor der Prüfung Aufgaben der Vorjahre sichten
→ eventuelle Unterschiede in den Begrifflichkeiten abklären
→ zur Sicherheit Lehrkraft fragen oder im Schulbuch nachschlagen

Bestandteile der Aufgabenstellung

Immer wieder bearbeiten Schüler eine Aufgabe nicht vollständig, weil ihnen die enthaltenen **Teilaufträge** nicht bewusst sind. Am folgenden Beispiel können Sie erkennen, wie sich die Aufgabenstellungen in einzelne Teilschritte zerlegen lassen.

Analyseauftrag:

Aufgabenstellung	Meine Arbeitsaufträge
1. Analysieren Sie den vorliegenden Textauszug (...).	Ich soll: • eine aufgabenbezogene Einleitung formulieren • die Kommunikationssituation darstellen • die Szene kurz in die Handlung einordnen • die Szene inhaltlich zusammenfassen
Berücksichtigen Sie dabei insbesondere, wie die Figur (hier stünde dann der Name) ihren inneren Zustand darstellt ...	• erschließen, wie die Figur ihren inneren Zustand darstellt
...und wie dieser durch die dialogische und äußere Situation der Handlung zum Ausdruck kommt	• untersuchen, wie dieser Zustand durch die dialogische und äußere Situation der Handlung zum Ausdruck kommt (z. B.: Gesprächshaltung, Standpunkt des Sprechers, Raumgestaltung)
Gehen Sie auch auf die sprachlich-bildliche Gestaltung ein.	• die sprachlich-bildliche Gestaltungsweise untersuchen (z. B.: rhetorische Stilmittel, Wortwahl, Satzbau, Wortfelder etc.)

Zusatzauftrag:

Aufgabenstellung	Meine Arbeitsaufträge
2. Vergleichen Sie ausgehend von Ihren Ergebnissen die Gestaltung des Motivs xy in den Gedichten A ...	Ich soll: ▪ passend zu meinen Erschließungsergebnissen die Gestaltung des Motivs xy in Gedicht A herausarbeiten
und B!	▪ und es mit der Gestaltung in Gedicht B vergleichen
Berücksichtigen Sie dabei sowohl inhaltliche als auch ausgewählte sprachliche Aspekte!	▪ inhaltliche und sprachliche Aspekte als Vergleichskriterien heranziehen

Arbeitsschritte beim Interpretieren literarischer Texte

Lesen des Textes

- erster Durchgang: mit der Aufgabenstellung im Kopf
- Anmerkungen zu den ersten Auffälligkeiten

Formulieren einer Deutungshypothese

- Bildung einer Deutungsidee (mit Bezug zur Aufgabenstellung!)
- Notieren auf dem Blatt der Stoffsammlung

Zusammenfassung des Inhalts

- zweiter Lesedurchgang: Verifizieren der Deutungshypothese und ggf. deren Abänderung
- Klären der Grundsituation der Handlung und des Sprechers (lyrisches Ich, Erzähler o.ä.) in einem Basissatz (Autor, Titel, Textart, Erscheinungsjahr, Handlungskern)
- Zusammenfassung der Handlung strukturiert nach Sinnabschnitten bzw. Strophen
- Abstrahieren der Handlung bzw. der Argumentationsweise der Figur/en mit Funktionsbegriffen (z. B.: er geht in die Defensive, sie appelliert)
- knappe Benennung der Deutungshypothese (kann auch im Basissatz erfolgen)

Erschließung (Textbeschreibung)

- Untersuchung sprachlicher Gestaltungsmittel, *die die Deutungsidee tragen*: keine beliebige Auswahl, keine Vollständigkeit!
- Untersuchung weiterer gattungsspezifischer Gestaltungsmittel (z. B.: Form bei Gedichten, Erzählsituation bei Epik, Szenenanweisungen im Drama) - ebenfalls mit Bezug zum Deutungsrahmen!

Interpretation/Analyse

- Ausformulierung der Deutungshypothese auf Basis der vorigen Erschließungsergebnisse zu einem in sich schlüssigen Bild
- nicht bloßes Wiederholen des Vorigen!
- Einbeziehung externer Aspekte, z. B.: Autorbiographie, Zeithintergrund, Gattungstypik, Motivik – Vorgabe der Aufgabenstellung einhalten!
- Bezug zum Text halten, aber gedanklichen Horizont erweitern

Zusatzauftrag: Vergleich/Stellungnahme

- eigenständige Erarbeitung sinnvoller Vergleichskriterien (Gemeinsamkeiten, Unterschiede, Nuancierungen) zwischen beiden Texten
- Ausarbeitung unter ständiger Aufrechterhaltung des Bezugs zwischen beiden Texten – nicht nur nebeneinander darstellen!
- Stellungnahme: idealerweise antithetisches Prinzip („zwar – aber") anwenden (z. B.: „insofern" – „insofern nicht")
- Abrundung durch ein Fazit

Aufbau der Klausur

Obwohl in den Korrekturhinweisen für die Lehrkräfte (Erwartungshorizont) in vielen Bundesländern nicht explizit von Einleitung und Schluss die Rede ist, gewinnt jeder Aufsatz innere Geschlossenheit durch den **dreiteiligen Aufbau**:

1 Einleitung	Hinführung zur Aufgabenstellung, vom Allgemeinen zum konkreten Thema: auf inhaltliche Zuspitzung achten! Zugwirkung herstellen, den Leser interessieren!
2 Hauptteil	Aufgabenstellung der Prüfung
3 Schluss	Abrundung des Aufsatzes durch Ausleiten des Themas: wieder auf die allgemeinere Ebene gehen, z. B. Ausblick auf die weitere literarische Entwicklung, weiteres Leben des Autors etc. Achtung: kein neues Thema eröffnen!

Alle Aufsätze zur Analyse/Interpretation literarischer Texte enthalten im **Hauptteil** grundsätzlich die gleichen Kernbestandteile:

Kernbestandteile	
Wiedergabe des Inhalts bzw. seines Aufbaus (Handlungsverlauf, Sinnabschnitte)	Hauptteil
Untersuchung sprachlicher Gestaltungsmittel (Wortwahl, Satzbau, rhetorische Figuren)	
Ggf. Untersuchung der formalen Gestaltung (je nach Textgattung, bzw. nur dann, wenn Auffälligkeiten vorliegen)	
Interpretation/Analyse: Ausformulieren der Deutungsidee	
gegebenenfalls Vergleich mit einem anderen literarischen Werk	

Daneben unterscheidet sich die Herangehensweise in den jeweils textspezifischen Kategorien für Lyrik, Epik und Dramatik. Auf sie wird in den folgenden Kapiteln eingegangen.

Ausformulierung des Aufsatzes

Nach einer gründlichen Lektüre und der Vorarbeit mit Markierungen im Text sowie Notizen auf einem Nebenblatt beginnt die für viele Schüler schwierigste Aufgabe: das Formulieren.
Das **Schreiben von Übungsaufsätzen schafft Routinen!** Ohne eigene Übungen im Ausformulieren wird man diese nur schwer erlangen. Die gewissenhafte **Überarbeitung des eigenen Textes** nach der Korrektur durch die Lehrkraft bringt hierbei großen Effekt.
Wichtige Gelenkstellen wie die Einleitung, Überleitungen, Zuspitzungen oder das Fazit setzen **gesichertes schriftliches Ausdrucksvermögen** voraus.

DIE GELUNGENE EINLEITUNG: DAS TRICHTERPRINZIP

Man kann einleitend über fast alle Aspekte eines Themas sprechen, solange es Interesse erzeugt und man rechtzeitig auf das eigentliche Thema überleitet:

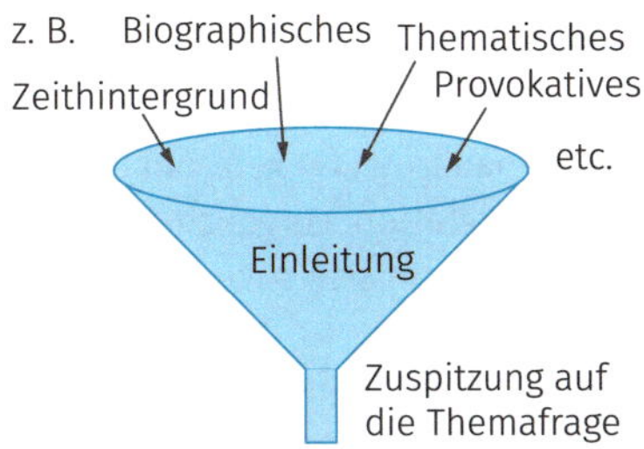

Für die Einleitung, den Schluss oder wichtige Gelenkstellen des Aufsatzes gibt es Formulierungen, die man sich zuvor bereits zurechtlegen kann, damit man sie in der Prüfung dann parat hat.

FORMULIERUNGEN KANN MAN VORHER EINÜBEN

- Einleitung
  - → „Das Motiv xy wurde in der deutschsprachigen Literatur bereits häufiger verwendet…" / „…ist bereits seit dem Mittelalter bekannt …" / „… behandelt eine tiefgreifende menschliche Fragestellung …"
  - → „Mit seinem/ihrem Drama/Gedicht/Roman „xy" spricht der Autor/die Verfasserin xy Aspekte an, die sich auch in seinem/ihrem Leben wiederfinden lassen…"
  - → „Typisch für die Epoche/Strömung xy waren Inhalte/Bildlichkeit/Sprache/Motivik, wie sie auch im vorliegenden Textauszug vorzufinden sind…"
- Überleitung
  - → „Insofern stellt sich nun die Frage, inwiefern dieses Motiv auch im vorliegenden Text relevant ist."
  - → „Vor diesem Hintergrund erscheint die Untersuchung der Frage nach (…) nun besonders interessant/naheliegend."
  - → „Mit Blick auf die besondere Situation des Autors/auf die besonderen Umstände der Zeit soll nun der vorliegende Textauszug untersucht werden."

- Inhaltszusammenfassung / Basissatz
  - → „Das Gedicht/Der Auszug aus dem Drama/Roman/der Kurzgeschichte „xy“ handelt von … /behandelt das Thema …“
  - → „Im vorliegenden Gedicht/Romanauszug geht es um …“
  - → „Die Kurzgeschichte „xy“ befasst sich mit der Frage/Problematik …“
  - → NICHT: „Bei der Kurzgeschichte „xy“ handelt es sich um einen Konflikt zwischen …“
  - → NICHT: „Der Romanauszug „xy“ geht um einen …“
- Resümé (nach Interpretation, Vergleich, Stellungnahme)
  - → „Zusammenfassend lässt sich sagen/beobachten/feststellen …“
  - → „Abschließend kann man sagen/beobachten/feststellen …“
  - → „Fasst man nun die bisherigen Ergebnisse zusammen, ergibt sich folgendes Bild: …“
  - → „Aus den bisherigen Überlegungen lässt sich schlussfolgern/schlussfolgernd feststellen …“
  - → „Der Vergleich beider Texte wirft nun die Frage nach der jeweiligen Wirkungsabsicht auf …“
  - → „Der Vergleich beider Texte lässt nun einen abschließenden Blick auf (…) zu.“

Bei der Analyse/Interpretation literarischer Texte kommt es zentral darauf an, **sprachliche bzw. formale Gestaltungsmittel zur** Ausarbeitung einer **Gesamtdeutung** heranzuziehen.

Abi Tipp

Für alle untersuchten Gestaltungselemente gilt: Sie sind in der Regel bewusst gewählt, um eine beabsichtigte Wirkung zu erzielen. **Auf diese Wirkung muss bei der Analyse immer mit eingegangen werden!** Eine bloße **Nennung eines Befundes**, ohne diesen mit einer Wirkung zu verknüpfen, bleibt für die Gesamtinterpretation **wertlos**.

Eine Auflistung wichtiger rhetorischer Figuren mit Beispielen für ihre Wirkungsweise findet sich am Ende dieses Kapitels.

Abi Tipp

UMGANG MIT SPRACHLICHEN UND FORMALEN GESTALTUNGSMITTELN

Folgende inhaltliche Bausteine sollten bei der Beschreibung eines sprachlichen Befundes (beispielweise rhetorische Figuren, Wortwahl, Satzbau) möglichst immer enthalten sein, damit eine in sich schlüssige Deutung zustande kommt:

- Benennung des Gestaltungsmittels
- wörtliches oder indirektes Zitat mit Textbeleg (Zeilenangabe)
- Erläuterung der Wirkung des Gestaltungsmittels mit konkretem Bezug zu der Textstelle, an der es vorkommt
- gegebenenfalls Rückbindung an die Gesamt-Deutungsidee (vgl. Deutungshypothese)

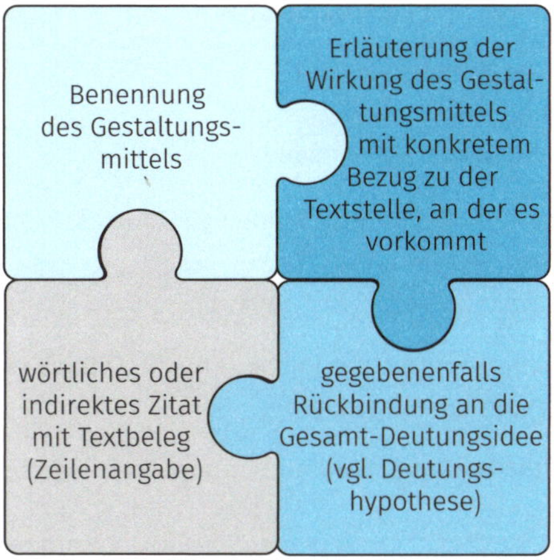

Die Reihenfolge dieser Elemente muss nicht immer starr dieselbe sein; ein Variieren gestaltet den Aufsatz durchaus ansprechender.

Aufgabenbeispiel

An einem Gedicht soll auszugsweise die Ausformulierung einer Analyse gezeigt werden. Dabei ist zu beachten, dass gattungsspezifische Kriterien für die Epik und die Dramatik hier nicht enthalten sind. Sie werden später in den entsprechenden Kapiteln genauer behandelt.

Friedrich Schlegel

Weise des Dichters (1809)

Wie tief im Waldesdunkel Winde rauschen,
Ihr Lied dazwischen Nachtigallen schlagen,
Der muntre Vogel singt in Frühlingstagen,
Dass wir dem fernen Ruf bezaubert lauschen;

So seht ihr hier jedwede Weise tauschen,
Betrachtung, linde Seufzer, tiefe Klagen,
Der Scherze Lust, der Liebe kühnes Wagen,
Und was den Seher göttlich mag berauschen.

Anklänge aus der Sehnsucht alten Reichen
Sind es, die bald sich spielend offenbaren,
Uns ihr Geheimnis bald mit Ernst verkünden;

Sinnbilder, leise, des gefühlten Wahren,
Des nahen Frühlings stille Hoffnungszeichen,
Die schon in helle Flammen sich entzünden.

Aus: Friedrich Schlegel: Dichtungen. Schöningh/Thomas, München u.a. 1962

Aufgabe:
Analysieren Sie das folgende Gedicht vor seinem epochen- und gattungstypischen Hintergrund. Gehen Sie dabei auf die sprachlich-stilistische Gestaltung und die Motivik ein.

Eine **Stichpunktsammlung** zu Inhalt, Aufbau, Form und Sprache könnte so aussehen:

Inhalt	Sprachliche Gestaltung
Strophe 1: Waldnatur, die mit dem Rauschen des Windes und dem Gesang der Nachtigall eine bezaubernde Wirkung ausübt	• *Wie – So* (V. 1, 5): Vergleich zwischen Waldnatur und Dichtkunst • *Wie ... Waldesdunkel... Winde* (V. 1): Alliteration zur Verstärkung des Naturerlebens • *Ihr Lied ... Nachtigallen schlagen* (V. 2): Inversion, die das Zwischenrufen der Nachtigallen abbildet • *Wie/tief/Waldesdunkel/rauschen/lauschen* (V. 1–4): I- und U-/Au-Assonanzen: akustische Unterstreichung der dunklen Waldniederungen, durchsetzt von hohen Vogelrufen • Wortwahl: Substantive aus der Natur, z. B. *Waldesdunkel* (V. 1), *Frühlingstage(n)* (V. 3) und bewegte akustische Verben, z. B. *rauschen* (V. 1) *schlagen* (V. 2), *singt* (V. 3) untermalen den Kontext

Inhalt	Sprachliche Gestaltung
Strophe 2: Vergleich dieses Naturhintergrundes mit dem Schaffen des Dichters; auch er gibt Gefühlsäußerungen, und zwar die des Menschen, künstlerisch wieder	• *Ihr* (V. 5): Anrede bindet den Rezipienten ein und intensiviert seine Wahrnehmung des Naturgeschehens • *Betrachtung, linde Seufzer (...), der Liebe kühnes Wagen* (V. 6,f.): asyndetische Reihung menschlicher Empfindungen als Ausdruck ungeordneter Gefühlsregungen • *Klagen (...) Liebe* (V. 6,f.): Antithese, die das breite Spektrum an Empfindungen anzeigt • *der Liebe kühnes Wagen* (V. 7): Personifikation, Verselbstständigung der menschlichen Gefühle, die eine eigene Instanz darstellen
Strophe 3: Ursehnsucht des Menschen, in künstlerischer Weise vermittelt durch die Dichtung	• *Sehnsucht/Geheimnis/Sinnbilder/Hoffnungszeichen* (V. 9, 11, 12, 13): Schlüsselbegriffe, die seherisches Potenzial der Dichtkunst andeuten • *spielend offenbaren (...) mit Ernst verkünden* (V. 10,f.): Antithese, Vielfältigkeit des Instrumentariums an Ausdrucksmöglichkeiten
Strophe 4: Vorausdeutungen auf die Offenbarung der Wahrheit ähnlich dem nahenden Frühling, zunächst verhalten, dann aber zunehmend aufflammend	• *uns* (V. 11): Personalpronomen 1. Pers. bezieht Rezipienten und Dichter in eine Gruppe mit ein; Verstärkung des Erlebens durch Gemeinsamkeit • *helle Flammen (...) entzünden* (V. 14): Metapher, die leuchtende Erkenntnis ausdrückt
Syntax	*So seht ihr hier jedwede Weise tauschen*[1], */Betrachtung, linde Seufzer, tiefe Klagen, /Der Scherze Lust, der Liebe kühnes Wagen*[2], */und was den Seher göttlich mag berauschen.* Satzbau, der durch Reihungen[2] und Einschübe ausgeweitet ist, jedoch meist parataktisch[1] oder elliptisch bzw. asyndetisch: schnörkelhaft und keiner strengen Regelhaftigkeit folgend; Ausdruck der Ungeordnetheit von Natur bzw. menschlichen Gefühlen

Form	Aufbau
Sonett: zwei Quartette, zwei Terzette	Für das Sonett typische antithetische Grundstruktur:
regelmäßige Reimgestaltung nach dem Schema **abba abba cde, dce** ausschließlich weibliche Kadenzen	Strophe 1: Waldnatur im Zentrum der Betrachtung
vorwiegend Jambus mit eingestreuten Daktylen	Strophe 2: Erlebnissphäre des Menschen im Mittelpunkt, Dichter als Seher
	Strophen 3 und 4: Verschmelzung; schöpferisches Geheimnis der Natur in Verbindung mit dem dichterischen Werk; Frühling als Phase der Erweckung von Schöpfung und Erleben
→ Formstrenge Komposition, die die hohe Kunstfertigkeit des Dichters zum Ausdruck bringt	→ Synthese von Form und Inhalt, Frühlingsumgebung als Sinnbild für seherisches Wirken des Dichters

An einigen Beispielen sollen nun ausformulierte Passagen zeigen, wie die **Umsetzung** von der Notizensammlung zum Aufsatztext erfolgen kann:

Einleitung Selbstverständnis des Dichters (Vgl. Trichterprinzip)	Der Dichter als Seher? Als derjenige, der durch eine besondere Gabe die Göttlichkeit der Schöpfung erkennt und sie in seinen Werken den „normalen“ Menschen übermittelt? Die romantischen Künstler beschäftigten sich bevorzugt mit Themen und Motiven der menschlichen Fantasie, der Kunst und der Natur. Diese wird von den Romantikern häufig als Quell und Impulsgeber dichterischer Schaffenskraft betrachtet. Sie selbst treten dabei häufig als Bindeglied oder Medium auf, dessen Instrument die Dichtkunst ist. Damit richten sie sich an ihr Publikum, dem sie Bereiche des Erlebens näherbringen wollen, die diesem bisher verborgen waren.
Überleitung Zuspitzung hin zum Thema	Die Wirkung der Natur auf die menschliche Gefühlswelt und damit auf das Schaffen des Dichters macht so auch das Sonett „Weise des Dichters“ (1809) von Friedrich Schlegel zum Thema.

Thema/Inhalt/Titel	Das Gedicht stellt bereits in seinem Titel einen thematischen Bezug zur Lyrik her; die Weise ist eine einfache Tonfolge eines Liedes und weist demnach auf den melodischen Charakter eines Gedichtes hin.
Strukturierende Inhalts-Zusammenfassung	In der *ersten Strophe* wird ein Naturbild erzeugt, das den Wald als dunkel und vom Wind durchzogen zeigt; dazwischen erklingt der Gesang der Nachtigall. Die magische Wirkung dieser Situation auf den Betrachter setzt sich in der *zweiten Strophe* fort, denn hier wird das Naturidyll als Vergleich für die Natur des Menschen in seinen verschiedenen Gefühlsäußerungen herangezogen. So wie also die Nachtigall im Wald singt, zeigt die Weise des Dichters den Menschen in seinen Empfindungen, wie Liebe und Schmerz. Die *dritte Strophe* hebt hervor, dass im Gedicht alte Mythen und Sehnsüchte verdeutlicht werden. Diese, so der *vierte Abschnitt*, erscheinen als Metaphern des herannahenden Frühlings in der Lyrik.
Deutungs-Hypothese (Basissatz)	Friedrich Schlegel lässt offensichtlich mit dem lyrischen Ich einen Dichter auftreten, in dessen Werk die Natur als sinnbildlich für die menschliche Gefühlswelt erscheint.
Textbeschreibung Achtung: Befunde immer in Verbindung mit ihrer Wirkung setzen! **Aufbau** **formale Gestaltung**	Das Sonett erscheint in seiner charakteristischen äußeren Gestaltung, nämlich in zwei Quartetten und zwei Terzetten. Der für das Sonett typische antithetische Aufbau spiegelt sich inhaltlich wider. Entsprechend beinhaltet die erste Strophe schwerpunktmäßig die Naturdarstellung des Waldes, während in der zweiten die Erlebenswelten des Menschen als Thema der Dichtung im Mittelpunkt stehen. In den beiden Terzetten findet eine Art Verschmelzung beider Bereiche statt. Die formale Gestaltung ist sehr regelmäßig, was sich etwa im Reimschema abba abba cde dce zeigt. Dies bringt den hohen handwerklichen Anspruch des Künstlers zum Ausdruck. Alle Kadenzen sind weiblich, was einen durchgehend melodischen Duktus erzeugt und das Liedhafte des Gedichtes unterstreicht.

Für den Bereich der sprachlichen Gestaltung werden hier **exemplarisch vier Befunde aus den Bereichen Wortwahl/Klang, Satzbau und aus den rhetorischen Stilmitteln** ausgeführt. Besprechen Sie mit Ihrer Lehrkraft im Vorfeld der Prüfung, welchen Umfang dieser Teil idealerweise einnehmen soll, da dies je nach Aufgabenstellung unterschiedlich ausfallen kann.
Wie zuvor schon dargestellt, sollten hierbei stets folgende **Grundelemente** enthalten sein: **Benennung des Befundes**①, **Textbeleg**②, **inhaltsspezifische Erläuterung seiner Wirkung**③, **Rückbindung an den Deutungsrahmen**④. (Letzteres muss nicht in jedem Fall erfolgen, sonst besteht die Gefahr von Eintönigkeit und Wiederholung).
Vergleichen Sie anhand der Bezifferung deren Umsetzung im Aufsatztext.

Sprachliche Gestaltung **Wortwahl**	Die Substantive *Waldesdunkel, Winde, Nachtigallen*① (Strophe 1)② bilden klar die Rahmensituation des Waldes ab und repräsentieren die Wirkungsabsicht des Gedichtes, indem sie mit melodischen Begriffen wie *Lied*, und *Ruf* gekoppelt werden.③ Die Verben stammen dabei sämtlich aus dem Bereich der akustischen Sinneswahrnehmung: *rauschen, (ein Lied) schlagen, lauschen*① (Strophe 1)②. Diese Wortwahl zielt deutlich darauf ab, eine waldtypische Atmosphäre zu erzeugen: Sie assoziiert dichten, hohen Baumbestand, den man dunkel wahrnimmt. Zu hören sind der Wind, was etwas eher Unheimliches beinhaltet, sowie Vogelgesang, der grundsätzlich eine friedvolle Stimmung erzeugt.③ Die enge Verflechtung zwischen den Vorgängen in der Natur und den Emotionen, die diese beim Betrachter auslösen, zeigt sich hier deutlich.④
Assonanzen	Unterstützt wird diese Wirkung durch klangliche Mittel. In der ganzen ersten Strophe② erzeugen I- und U- bzw. Au-Assonanzen① ein Klangbild, das zum Inhalt passt: U- und Au-Laute (vgl. *Waldesdunkel, schlagen, rauschen, lauschen*②) klingen dunkel und magisch, während I-Laute (Vgl. *Lied, Wind, dazwischen*②) helle, spitze Töne bilden und das Vogelgezwitscher sowie den Wind nachahmen.③ [...]

Syntax	Auffällig ist in diesem Gedicht der Satzbau, der aufgrund wiederholter Reihungen[1] (Vgl. *Betrachtung, linde Seufzer, tiefe Klagen, der Scherze Lust, der Liebe kühnes Wagen*, V. 6,f.[2]) schnörkelhaft aufgebläht wirkt. An mehreren Stellen wirkt die Syntax dabei durchbrochen[1]. (Vgl. *So seht ihr hier jedwede Weise tauschen, Betrachtung...*, V. 5,f.[2]). Ob Sätze hypo- oder parataktisch sind, wird hiervon überlagert, sodass man eine klare Grundstruktur eigentlich nicht mehr erkennen kann. Dabei wird der Eindruck des Ungeordneten erzeugt, das sich über Regeln hinwegsetzt – so wie es einerseits die Natur und andererseits die menschlichen Gefühle ebenfalls tun.[3] (...)
Rhetorische Figur	Die Metapher[1] helle Flammen, die sich *entzünden* (V. 14)[2], bezieht sich auf die Ur-Sehnsüchte des Menschen (V. 9) und die Sinnbilder der Wahrheit (V. 12), die sich im Gedicht offenbaren. Es wird ein sehr helles Licht angedeutet, das Einsicht in Geheimnisse bringt, aber nicht nur als Schein einer Kerze, sondern mit der Intensität und Leidenschaft von Flammen. Ganz am Ende des Gedichtes sieht man gewissermaßen ein Erkenntnisfeuerwerk, das über dem Betrachter erscheint.[3] Letztlich ist dies die Wirkung, die sich der Dichter von seinem Werk erhofft.[4] (...)
Interpretation	Insgesamt lässt sich im Gedicht *Weise des Dichters* von Friedrich Schlegel als Hauptmotiv das Schaffen des Künstlers feststellen, das von der Natur inspiriert und freigesetzt wird. Dabei wird der schöpferische Prozess des Lyrikers den Äußerungen der Natur, also etwa dem Gesang der Nachtigall, gleichgestellt. Das Ergebnis ist ein Kunstwerk, das Ausdruck ist für die Verschmelzung zwischen dem Menschen und der Natur auf einer höheren Ebene. Dementsprechend kommt dem Dichter eine besondere seherische Fähigkeit zu, die die göttlichen Zeichen zu lesen vermag. Seine Aufgabe ist es, diese in seinem Werk zu vermitteln, sodass er damit dem Publikum eine Brücke zu tieferen Einsichten bauen kann. So ist Schlegels Gedicht als Lobpreis der Schöpfung zu erleben, die sich die Lyrik als Ausdrucksmittel gewählt hat.

Schluss	In seinem 116. Athenäum-Fragment hat Friedrich Schlegel 1898 seine Forderung nach einer *Progressiven Universalpoesie* formuliert, doch ist dabei unklar, wie diese konkret auszusehen habe. Sein Gedicht *Weise des Dichters* scheint dieser Vorstellung jedoch so ideal wie möglich zu folgen: Auch sein Gedicht versucht *das Leben und die Gesellschaft poetisch (zu) machen*. Auch endet es nicht mit einem Abschluss, sondern offen, indem sein letztes Bild helle Flammen zeigt, die auf ein entstehendes Kunstwerk hindeuten. In diesem Sinn hat er sich offensichtlich an sein eigenes Ideal von der *progressiven Universalpoesie* gehalten, was bedeutet, dass das romantische Werk nicht abgeschlossen, sondern immer im Entstehen begriffen ist.

Die wichtigsten rhetorischen Figuren und ihre Wirkung in Texten

Begriff	Definition	Beispiel	Wirkung
Akkumulation (lat. Anhäufung)	Anhäufung von Wörtern oder Begriffen	*Hat er mir Frösch gefangen? Hat er Laich? Keinen Süßwasserpolyp? Keine Hydra? Vestillen? Cristatellen?* (Büchner, *Woyzeck*)	Steigerung der Wirkung; mitunter humorvoll durch gezielte Überfrachtung des Rezipienten
Allegorie (gr. *bildliche Redeweise*)	versinnbildlichte Darstellung	Waage (für Gerechtigkeit)	Möglichkeit, Abstraktes anschaulich zu machen; Anregung zu Reflexion
Alliteration	Gleicher Anlaut in mehreren Wörtern	*Wie tief im Waldesdunkel Winde rauschen* (F. Schlegel, *Weise des Dichters*)	Hervorhebung durch Gleichklang; Zusammengehöriges wird lautlich verknüpft

Begriff	Definition	Beispiel	Wirkung
Anakoluth	grammatisch fehlerhafte Satzkonstruktion; Satzbruch	*Korf erfindet eine Mittagszeitung,/ welche, wenn man sie gelesen hat, /ist man satt.* (Christian Morgenstern)	erhöhte Aufmerksamkeit durch Irritation, ggf. Komik oder Betonung eines Satzteils
Anapher	Wiederholung eines Wortes oder einer Wortgruppe zu Beginn aufeinanderfolgender Sätze oder Satzteile	*Und ich sagte, so tut doch etwas. Und sie sagten resigniert, wir können doch nichts tun. Und das ging so in dieser Republik* ... (Stefan Heym, 4.11.1989)	Eindringlichkeit, Betonung durch die augenfällige bzw. akustisch auffällige Wirkung
Anrede	Hinwendung zum Adressaten bzw. Rezipienten in der 2. Person	*Und die Welt hebt an zu singen/ Triffst du nur das Zauberwort.* (Eichendorff, *Wünschelrute*)	Direkte Einbeziehung des/der Angesprochenen: Nachdrücklichkeit; auch: Bruch in der Rezeption eines Bühnenstückes (Verfremdungseffekt)
Anspielung	Halb versteckte Andeutung auf eine Person oder einen Sachverhalt	*Und* [die Nacht, Anm.] *heilet den Schmerz, wie Lethes kühle Fluthen.* (Günderode, *Der Kuss im Traume*): Lethe = Unterweltfluss = Tod	Engere Verbindung zwischen Autor und (wissendem) Rezipienten; auch: Erheiterung oder Bestürzung, Auf- oder Abwertung mithilfe des Angedeuteten
Antithese	Gegenüberstellung von Gegensätzen	*Treib' andern Schmerz/Aus dieser Brust!/ Voll sei dies Herz/ Von deiner Lust.* (Rückert, *Kehr ein bei mir*)	Kontrastierung, Auf-/Abwertung

Begriff	Definition	Beispiel	Wirkung
Assonanz	Gleichklang	***E**s schm**e**rzt m**i**ch s**ei**nes L**i**chtes **ei**tles Prangen* (Günderode, *Der Kuss im Traume*)	Lautliche Zusammenfügung von inhaltlich Zusammengehörendem, Eindringlichkeit
Asyndeton (griech. *unverbunden*)	Aneinanderreihung ohne Konjunktion	*Er kam, sah, siegte.*	Hervorhebung, auch pathetische Erhöhung
Aufzählung (Enumeratio)	Häufung von Begriffen oder Sachverhalten	*Habe nun, ach! Philosophie, Juristerei und Medizin, Und leider auch Theologie!* [...] (Goethe, *Faust I*)	Intensivierung, Verlebendigung; auch Überfrachtung
Ausruf (Exclamatio)	Wort, Ellipse oder Satz mit Ausrufwirkung	*Oh! Ah!*	emotionale Intensivierung, Appell
Chiasmus	(von der Gestalt des griech. Buchstaben „Chi“: χ) Überkreuzstellung von Satzgliedern	*Die Kunst ist lang und kurz ist unser Leben.* (Goethe, *Faust I*)	Steigerung der Merkbarkeit, auch Verdeutlichung einer Antithese
Diminutiv	Verkleinerung eines Substantivs oder Eigennamens durch entspr. Suffixe: -chen, -lein etc.	*Sah ein Knab' ein Röslein stehn, Röslein [...]*	Verniedlichung, Beschwichtigung, Verharmlosung
Ellipse	grammatisch unvollständiger Satz durch Auslassung von Wörtern oder Satzgliedern	*Kalt, nass, still! Weg von dem Platz! – Das Messer, das Messer!* (Büchner, *Woyzeck*)	Nachdrücklichkeit durch Verknappung; Eile, Dringlichkeit, Kommando, emotionale Unkontrolliertheit
Enjambement (frz. *Überschreitung*)	Zeilensprung, das heißt, Satzende oder Sinneinheit gehen über das Versende hinaus	*Und meine Seele spannte/Weit ihre Flügel aus* (Eichendorff, *Mondnacht*)	Verstärkung der inhaltlichen Zusammengehörigkeit, Verschmelzung

Begriff	Definition	Beispiel	Wirkung
Epipher	Wiederholung des gleichen Wortes am Schluss parallel gesetzter Wortgruppen oder Sätze	*Doch alle Lust will Ewigkeit; /will tiefe, tiefe Ewigkeit!* (Nietzsche, *Also sprach Zarathustra*)	siehe „Anapher" und „Wiederholung"
Euphemismus	Beschönigung eines negativen Begriffs oder Zustandes	*Meine Großmutter ist gestern Nacht friedlich entschlafen.*	Verschleierung eines negativen Zustandes
Hyperbel	Übertreibung, auch ins Unglaubwürdige	*Von den Elben wird bezaubert mancher Mann, wie durch Minnezauber mir geschehn von der Besten, die ein Ritter lieb gewann.* (Heinrich von Morungen)	starke Auf-/Abwertung, auch ironisch, mitunter Propaganda
Hypotaxe	Satzgefüge, Haupt- und Nebensatz	*Einige zwanzig Schritte weiter [...] lief eine [...] Kirchhofsmauer, hinter der der [...] Schindelturm mit seinem blitzenden, weil neuerdings erst wieder vergoldeten Wetterhahn aufragte.* (Theodor Fontane, *Effi Briest*)	Differenzierung eines Gedankengangs, argumentative Darstellung, auch: emotionale Kontrolliertheit des Erzählers/Sprechers
Inversion (lat. Umstellung)	Umkehr der gewöhnlichen Wortstellung im Satz	*Und von schwerem Säbelstreiche/ Ward gespalten mir das Haupt.* (A.v. Chamisso, *Der Invalid im Irrenhaus*)	Herausstellung eines Vorgangs oder Begriffs, auch: archaisierend, pathetisch

Begriff	Definition	Beispiel	Wirkung
Ironie	Wortlaut besagt das Gegenteil des eigentlich Gemeinten	*Und dann die hohe Intuition – (mit einer Gebärde)* (Goethe, *Faust I*)	Verdeutlichung der Aussage (meist Kritik) durch Spott, Sarkasmus
Klimax (gr. *Leiter*)	Steigende Aufzählung vom Schwächeren zum Stärksten	*Wie habe ich ihn nicht gebeten, gefleht, beschworen.* (Lessing, *Philotas*)	Verstärkung der Aussage durch Miterleben der Steigerung
Litotes	Verneinung des Gegenteils	nicht schlecht, nicht wenige unter uns	Hervorhebung durch Untertreibung
Metapher	Verwendung bekannter Wortbedeutungen im übertragenen Sinn, Bild	Ein Platz an der Sonne	Verlebendigung, bildhafte Unterstützung der Aussage
Neologismus	Wortneuschöpfung	Rentnerschwemme, Nullwachstum	Verdeutlichung durch Erwartungsbruch; hier auch: Verschleierung, Beschönigung
Oxymoron	Verbindung von sich ausschließenden Begriffen	*Traurigfroh* (Hölderlin, *Heidelberg*), bittersüß	Verdeutlichung durch Erwartungsbruch, Ausdruck von Widersprüchlichkeit und Ambivalenz
Paradoxon	Scheinbarer Widerspruch, der jedoch einen tieferen Sinn freilegt	Der Weg ist das Ziel	Aufmerksamkeit durch Denkanstoß
Parallelismus	Wiederholung derselben Reihenfolge von Wörtern oder Satzgliedern in aufeinanderfolgenden Sätzen	*Ein guter Mord, ein echter Mord, ein schöner Mord* (Büchner, *Woyzeck*)	Verstärkung durch bessere Eingängigkeit

Begriff	Definition	Beispiel	Wirkung
Parataxe	Satzreihe, Folge von Hauptsätzen	*Das Leben der Vornehmen ist ein langer Sonntag, sie wohnen in schönen Häusern, sie tragen zierliche Kleider, sie haben feiste Gesichter und reden eine eigene Sprache; das Volk aber liegt vor ihnen wie Dünger auf dem Acker.* (Georg Büchner, *Der Hessische Landbote*)	Direkte Eingängigkeit durch Einfachheit; auch: emotionale Unkontrolliertheit einer literarischen Figur; auch: Vermittlung einfacher Charakterzüge oder Charaktere
Parenthese	Einschub, Einfügung in einen Satz	*Auch die Front des Herrenhauses – eine mit Aloekübeln und ein paar Gartenstühlen besetzte Rampe – gewährte bei bewölktem Himmel* [...] (Theodor Fontane, *Effi Briest*)	Kommentar, Erläuterung, Abgrenzung, Präzisierung; auch: Ausdruck hoher sprachlicher Kunstfertigkeit, Manieriertheit
Periphrase	Umschreibung eines Begriffs	*Der Allumfasser, der Allerhalter* (Goethe, *Faust I*): für Gott	Verdeutlichung; auch: Umgehung der direkten Bezeichnung
Personifizierung	Vermenschlichung von Gegenständen, abstrakten Begriffen oder Vorgängen	*Die Jungfer Europa ist verlobt/Mit dem schönen Geniusse/Der Freiheit, sie liegen einander im Arm,/Sie schwelgen im ersten Kusse.* (Heine, *Deutschland. Ein Wintermärchen*)	Verlebendigung, bildliche Verdeutlichung

Begriff	Definition	Beispiel	Wirkung
rhetorische Frage	Scheinfrage, die keine Antwort erwartet, sondern Zustimmung oder Ablehnung bereits impliziert	*Habe ich es euch nicht schon immer gesagt?*	durch die indirekt vorgegebene Antwort gedankliche Lenkung des Zuhörers
Symbol	Konkretes Zeichen, das auf einen höheren, abstrakten Sinnzusammenhang verweist und stellvertretend für ihn steht	Weiße Taube, Herz, Kreuz, auch: Farbsymbolik	Aussage wird konzentriert dargestellt, zusätzlich zur laufenden Texthandlung verstärkt
Vergleich	Verbindung der gemeinsamen Bedeutung zweier Bereiche	*Was ein Mann, wie ein Baum! […] ein Bart wie ein Löw.* (Büchner, *Woyzeck*)	Veranschaulichung durch die Weckung von Assoziation, das heißt, bekannten Bildern
Wiederholung	Wörter oder Wortgruppen werden mehrfach angewendet	*Ein guter Mord, ein echter Mord, ein schöner Mord.* (Büchner, *Woyzeck*)	Eindringlichkeit, emotionalisierend

Epik Analysieren

ZENTRALE BEGRIFFE

Der Begriff **Epik** leitet sich vom antiken griechischen **Epos** her und bezeichnet Texte, in denen ein **Erzähler** die Handlung vermittelt. Zum Vergleich: Im Drama (Bühnenstück) führen Schauspieler in der Regel die literarische Handlung dem Zuschauer unmittelbar vor.
Anders als in der Antike, als Epen in Versform und rhythmisch gestaltet (metrisiert) vorgetragen wurden, erscheinen epische Formen im heutigen Verständnis in durchlaufendem Erzähltext.

Achtung: **Der Erzähler in epischen Texten ist nicht mit dem Autor gleichzusetzen!** Er ist gewissermaßen eine eigene Figur/fiktive Instanz im Text.

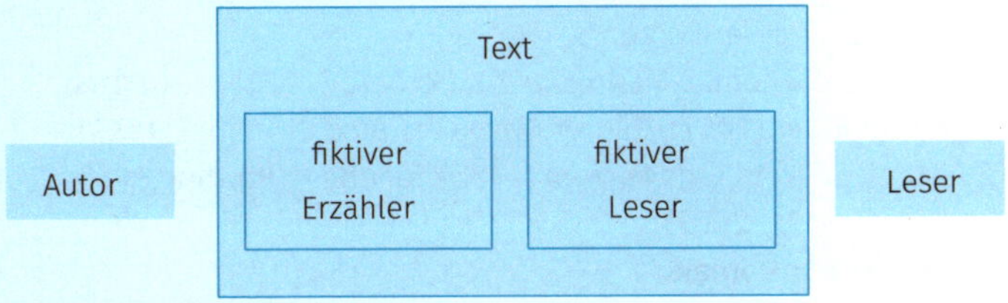

Epische Textsorten unterscheiden sich teils erheblich in ihrer Länge, aber auch in ihrer Wirkungsabsicht und damit verbunden in der Rolle, die der Erzähler einnimmt. Man unterscheidet epische **Kurz-** oder **Kleinformen** und **epische Großformen**:

Epische Kurzformen, u.a.:	Epische Großformen
Novelle	Roman (Bildungs-, Entwicklungs-,
Kurzgeschichte	Abenteuer-, Trivial-, Brief-,
Parabel	Schlüsselroman etc.)
Fabel	Epos
Erzählung	Saga
Märchen	
Legende	
Sage	
Anekdote	

Die Zuordnung zu den Groß- und Kleinformen ist nicht immer präzise möglich, da beispielsweise Novellen durchaus länger sein können und damit kurze Romane im Umfang sogar übertreffen können.

Auf eine knappere Formel gebracht, behandeln **epische Kurzformen Ausschnitte** aus den Lebensgeschichten der Protagonisten, während etwa der **Roman ganze Lebensverläufe und mehrere Generationen** umfassend darstellt.
Die in Abituraufgaben am häufigsten vorkommenden Gattungen lassen sich knapp so definieren:

Roman

- **Entwicklungs-/Bildungsroman**
  - → Persönlichkeitsentwicklung eines (jungen) Menschen im Mittelpunkt
  - → Verhältnis des Protagonisten zu seiner Umwelt (Personen, Zeit, Gesellschaft) als Thema
  - → Auseinandersetzung mit Konflikten bedingt eine Weiter- / Entwicklung der Person
  - → Beispiele: Thomas Mann, *Der Zauberberg* (1924); Max Frisch, *Homo faber* (1957); Günter Grass, *Die Blechtrommel* (1959); Parick Süskind, *Das Parfum* (1985); Joanne K. Rowling, *Harry Potter* (1997–2007)
- **historischer Roman**
  - → geschichtliche Ereignisse oder Personen als Kern der Handlung
  - → kein Anspruch auf wissenschaftliche Exaktheit und Vollständigkeit
  - → Beispiele: Umberto Eco, *Der Name der Rose* (1980); Daniel Kehlmann, *Die Vermessung der Welt* (2005); Uwe Tellkamp, *Der Turm* (2008)
- **Zeitroman**
  - → Beschäftigung mit den gesellschaftlichen Gegebenheiten der Gegenwart zur Zeit der Entstehung des Romans (vs. Historischer Roman: Vergangenheit)
  - → häufig gesellschaftskritische Haltung
  - → Beispiele: Theodor Fontane, *Effi Briest* (1894/95); Thomas Mann, *Die Buddenbrooks* (1901); Wolfgang Koeppen, *Tauben im Gras* (1951); Christian Kracht, *Faserland* (1995); Wolfgang Herrndorf, *Tschick* (2010)

- **Psychologischer Roman**
  - → Schilderung psychologischer Vorgänge im Innern der Hauptfigur
  - → häufig knapperer Auszug aus dem Leben der Figur
  - → häufig psychische Ausnahmesituationen
  - → Beispiele: Karl Philip Moritz, *Anton Reiser* (1790); Robert Musil, *Die Verwirrungen des Zöglings Törleß* (1906) ; Juli Zeh, *Neujahr* (2018)

Epische Kurzformen

- **Novelle**
  - → Textsorte „mittleren Umfangs", d.h. zwischen Roman und Kurzgeschichte
  - → Kern der Handlung ist eine sehr unwahrscheinliche, aber nicht unrealistische Verflechtung von Ereignissen (vgl. Goethe: „unerhörte Begebenheit), die sich existenziell (bedrohlich) für den Protagonisten auswirkt
  - → straffe Komposition mit linearer Handlungsführung: Exposition, Steigerung, Wendepunkt, Handlungsabfall und Ausgang (ähnlich dem geschlossenen Drama, vgl. Storm: „Schwester des Dramas")
  - → häufig Leitmotiv bzw. Dingsymbol (vgl. Boccaccios *Falkenmotiv*)
  - → Vorsicht: Verwechslungsgefahr mit dem englischen Begriff „novel", der den Roman bezeichnet!
  - → Beispiele: Theodor Storm, *Der Schimmelreiter* (1888); Thomas Mann, *Der Tod in Venedig* (1911); Martin Walser, *Ein fliehendes Pferd* (1987); Günter Grass, *Im Krebsgang* (2002); Siegfried Lenz, *Schweigeminute* (2008)
- **Kurzgeschichte**
  - → Kurzform, die in Deutschland erst nach dem Zweiten Weltkrieg aufkam, in Anlehnung an die amerikanische short story
  - → (üblicherweise) geringer Textumfang
  - → sehr knappe Augenblicksaufnahme aus einer Alltagssituation
  - → Handlungsverlauf auf eine Pointe ausgerichtet
  - → häufig unmittelbarer Einstieg in die Handlung
  - → häufig offener Schluss, der einen gedanklichen Anstoß geben soll
  - → Beispiele: Wolfgang Borchert, *Die Küchenuhr* (1947), *Nachts schlafen die Ratten doch* (1947), *Das Brot* (1946); Heinrich Böll, *Wanderer, kommst du nach Spa...* (1950)

Aufgrund der Tatsache, dass epische Texte gewissermaßen durch den Filter des Erzählers dargeboten werden (und nicht wie im Drama unmittelbar von der Bühne auf den Rezipienten übergehen), eröffnet sich für die Epik eine große Bandbreite an Gestaltungsmöglichkeiten beim Erzählen. Diese sind in der Analyse von Epik mit einzubeziehen.

Kategorien der Epik-Analyse:

Erzählform	**„Ich"-Form:** • erlebendes Ich: Erzähler ist Teil des Geschehens • erzählendes Ich: Erzähler stellt in der Ich-Form dar, ist aber nicht am Geschehen beteiligt, sondern verhält sich wie ein Berichterstatter oder Chronist „Er"-Form: • auktorialer Erzähler • personaler Erzähler • neutraler Erzähler
Erzählverhalten	**Auktorialer/olympischer Erzähler:** • steht über der Gesamthandlung, kennt alle äußeren und inneren Abläufe • kann das Geschehen reflektieren, kommentieren, bewerten sowie Vorausdeutungen geben **Personaler Erzähler:** • tritt hinter die Figur/en zurück und stellt aus deren Perspektive (subjektiv) dar • hat nur den Kenntnishorizont seiner Figur **Neutraler Erzähler:** • gibt aus der Distanz die Handlung wieder und tritt kaum in Erscheinung • liegt z. B. vor in langen Passagen der reinen Ereigniswiedergabe oder bei Dialogen
Erzählhaltung	**Einstellung des Erzählers zum Geschehen:** • zustimmend (affirmativ), wohlwollend, positiv involviert • ablehnend (kritisch), spöttisch, ironisch • distanziert, gleichgültig
Erzählperspektive	Neben den oben genannten Kategorien noch zu unterscheiden: • **Außensicht**: Betrachtung der äußeren Handlung, Ereignisverlauf • **Innensicht**: innere Abläufe der Figuren im Fokus

Darbietungs-weise	Art der Darstellung durch den Erzähler, z. B.: Tatsachenbericht, Kommentar, epischer Bericht, direkte bzw. indirekte Rede **Typisch für den Roman:** • **erlebte Rede:** Gedanken der Figur werden in der 3. Person Präteritum im Indikativ mit Hauptsatzwortstellung wiedergegeben, z. B.: *Hatte sie das wirklich gesagt? Das hatte er doch nicht gewollt!* • **innerer Monolog:** unmittelbare Wiedergabe als Gedankenstrom (vgl. *stream of consciousness*) in der 1. Person Präsens; dabei wird häufig auf syntaktische Richtigkeit verzichtet, so wie es Gedanken in der Wirklichkeit auch tun, z. B.: *Ich … das kann doch nicht sein … gestern war noch alles anders …* (im Monolog fortlaufend)
Figuren	Epische Texte leben zu einem großen Anteil von der **Figurenzeichnung**, d.h.: • ihren aus dem Text herauslesbaren Charaktermerkmalen • den Stimmungen, in denen sie sich befinden oder die sie erzeugen • der Beziehung zu anderen Figuren (Figurenkonstellation)
Raumgestaltung	Die **Gestaltung der Handlungsorte** unterstützt die Stimmung, die mit der Gesamtdarstellung erzeugt werden soll. Dabei können Umgebungen wie Räume oder Orte sehr detailliert ausgearbeitet oder sehr reduziert sein. Mögliche Kategorien der Betrachtung sind: • Offenheit des Raums oder Geschlossenheit (Weite – Enge/außen – innen) • Helligkeit – Dunkelheit • Überladenheit/Detailliertheit oder Reduziertheit • Symbolhaftigkeit einzelner Gegenstände im Raum • Schauplatzwechsel • Veränderungen des Handlungsortes, z. B. durch Natureinflüsse (Wetter, Jahreszeiten)

Zeitgestaltung	Das Verhältnis zwischen **Erzählzeit** (die zum Erzählen bzw. Rezipieren benötigte Zeitspanne) und **erzählter Zeit** (die während der Handlung vergehende Zeit) bestimmt das Zeitgerüst. Dies kann geschehen in: • Zeitdeckung, d. h. Erzählzeit und erzählte Zeit in etwa gleich lang • Zeitdehnung, d. h. Erzählzeit länger als erzählte Zeit • Zeitraffung, d. h. Erzählzeit kürzer als erzählte Zeit Selten ist ein Text durchgängig in derselben Zeitgestaltung verfasst, häufiger liegen dagegen Mischformen vor.
Motivik/ Symbolik	• Motive: Handlungsmuster, die das Geschehen vorantreiben, z. B. Treue, Neid, unerfüllte Ansprüche und Wünsche. • Leitmotive: besonders prägnante Motive, die im Text wiederkehrend auftreten, z. B. Erkenntnisstreben, Bindungsunfähigkeit, Selbstsuche. Ihr Auftreten markiert Gelenkstellen der Handlung. • Leitsymbol / Dingsymbol: ähnlich wie Leitmotiv, jedoch kompakter und gegenständlich, z. B.: *Falke* (Boccaccio), *Deich* (Storm)

Analyse eines Romanauszuges

Im Folgenden werden die oben genannten Kriterien der Analyse von epischen Texten an einem Romanauszug veranschaulicht.

Alfred Döblin, Berlin Alexanderplatz (1929)

Mit der 41 in die Stadt

Er stand vor dem Tor des Tegeler Gefängnisses und war frei. Gestern hatte er noch hinten auf den Äckern Kartoffeln geharkt mit den anderen, in Sträflingskleidung, jetzt ging er im gelben Sommermantel, sie harkten hinten, er war frei. Er ließ Elektrische auf Elektrische vorbeifahren, drückte den Rücken an die rote Mauer und ging nicht. Der Aufseher am Tor spazierte einige Male an ihm vorbei, zeigte ihm seine Bahn, er ging nicht. Der schreckliche Augenblick war gekommen (schrecklich, Franze, warum schrecklich?), die vier Jahre waren um. Die schwarzen eisernen Torflügel, die er seit einem Jahre mit wachsendem Widerwillen betrachtet hatte (Widerwillen, warum Widerwillen), waren hinter ihm geschlossen. Man setzte ihn wieder aus. Drin saßen die andern, tischlerten, lackierten, sortierten, klebten, hatten noch zwei Jahre, fünf Jahre. Er stand an der Haltestelle.

Die Strafe beginnt.

Er schüttelte sich, schluckte. Er trat sich auf den Fuß. Dann nahm er einen Anlauf und saß in der Elektrischen. Mitten unter den Leuten. Los. Das war zuerst, als wenn man beim Zahnarzt sitzt, der eine Wurzel mit der Zange gepackt hat und zieht, der Schmerz wächst, der Kopf will platzen. Er drehte den Kopf zurück nach der roten Mauer, aber die Elektrische sauste mit ihm auf den Schienen weg, dann stand nur noch sein Kopf in der Richtung des Gefängnisses. Der Wagen machte eine Biegung, Bäume, Häuser traten dazwischen. Lebhafte Straßen tauchten auf, die Seestraße, Leute stiegen ein und aus. In ihm schrie es entsetzt: Achtung, Achtung, es geht los. Seine Nasenspitze vereiste, über seine Backe schwirrte es. „Zwölf Uhr Mittagszeitung", „B. Z.", „Die neueste Illustrirte", „Die Funkstunde neu", „Noch jemand zugestiegen?" Die Schupos haben jetzt blaue Uniformen. Er stieg unbeachtet wieder aus dem Wagen, war unter Menschen. Was war denn? Nichts. Haltung, ausgehungertes Schwein, reiß dich zusammen, kriegst meine Faust zu riechen. Gewimmel, welch Gewimmel. Wie sich das bewegte. Mein Brägen hat wohl kein Schmalz mehr, der ist wohl ganz ausgetrocknet. Was war das alles. Schuhgeschäfte, Hutgeschäfte, Glühlampen, Destillen. Die Menschen müssen doch Schuhe haben, wenn sie so viel rumlaufen, wir hatten ja auch eine Schusterei, wollen das mal festhalten. Hundert blanke Scheiben, laß die doch blitzern, die werden dir doch nicht bange machen, kannst sie ja kaputt schlagen, was ist denn mit die, sind eben blank geputzt. Man riß das Pflaster am Rosenthaler Platz auf, er ging zwischen den andern auf Holzbohlen. Man mischt sich unter die andern, da vergeht alles, dann merkst du nichts, Kerl. Figuren standen in den Schaufenstern in Anzügen, Mänteln, mit Röcken, mit Strümpfen und Schuhen. Draußen bewegte sich alles, aber – dahinter – war nichts! Es – lebte – nicht! Es hatte fröhliche Gesichter, es lachte, wartete auf der Schutzinsel gegenüber Aschinger zu zweit oder zu dritt, rauchte Zigaretten, blätterte in Zeitungen. So stand das da wie die Laternen – und – wurde immer starrer. Sie gehörten zusammen mit den Häusern, alles weiß, alles Holz.

Schreck fuhr in ihn, als er die Rosenthaler Straße herunterging und in einer kleinen Kneipe ein Mann und eine Frau dicht am Fenster saßen: die gossen sich Bier aus Seideln in den Hals, ja was war dabei, sie tranken eben, sie hatten Gabeln und stachen sich damit Fleischstücke in den Mund. Dann zogen sie die Gabeln wieder heraus und bluteten nicht. Oh, krampfte sich sein Leib zusammen, ich kriege es nicht weg, wo soll ich hin? Er antwortete: die Strafe.

Er konnte nicht zurück. Er war mit der Elektrischen soweit hierhergefahren, er war aus dem Gefängnis entlassen und mußte hier hinein, noch tiefer hinein.

Alfred Döblin, Berlin Alexanderplatz. Dtv, München 2011 (49. Auflage), S.15 f.

Beispielaufgabe:

Analysieren Sie den vorliegenden Romananfang, indem Sie die Handlung zusammenfassen und die innere Situation der Hauptfigur herausarbeiten. Gehen Sie auf die für die Epik typischen Darstellungsformen ein.

Inhalt

- Hauptfigur Franz Biberkopf, „Franze“, wird nach vier Jahren Haft aus dem Tegeler Gefängnis in Berlin entlassen
- zögernd und unsicher beim Weg in die Freiheit (Z. 1–14)
- fährt mit der Straßenbahn in die Berliner Innenstadt (Z. 14–25)
- steigt aus und geht zu Fuß weiter in der Menschenmenge der Großstadt, zeigt sich dabei überfordert und beängstigt über Alltagserscheinungen, wie Zeitungsverkäufer, Schaufenster oder Menschen in Lokalen (Z. 52–47)
- Erschrecken angesichts der Erkenntnis, dass es für ihn keinen Weg zurück gibt (Z. 47–50)

Deutungshypothese/Basissatz

- Protagonist „Franze“ tritt mit Angst seinen Weg in die Freiheit an, empfindet dabei sogar die Freiheit selbst als Strafe
- Entwicklungen und Veränderungen, die während seiner Haftzeit stattgefunden haben, überfordern ihn, da er befürchtet, nicht Schritt halten zu können und kein Teil davon werden zu können.

Analyse der für die Epik relevanten Kriterien:

Erzählform	**Textbeispiele**
Er-Erzähler, 3. Pers.	*Er ließ Elektrische auf Elektrische vorbeifahren [...]*
Erzählverhalten	**Textbeispiele**
Vorwiegend personaler Erzähler: stellt die Handlungen und Ereignisse aus Sicht der Hauptfigur dar, innerhalb des Wahrnehmungshorizonts der Figur	*Er stand vor dem Tor des Tegeler Gefängnisses und war frei. Gestern hatte er noch hinten auf den Äckern Kartoffeln geharkt mit den anderen, in Sträflingskleidung, jetzt ging eher im gelben Sommermantel, sie harkten hinten, er war frei. [...]* *Der Aufseher am Tor spazierte einige Male an ihm vorbei, zeigte ihm seine Bahn, er ging nicht.*
Erzählhaltung	**Textbeispiele**
Positiv involviert: Es werden Aspekte in Franz´ Verhalten dargestellt, die Empathie mit seiner Verzweiflung erkennen lassen	*Er schüttelte sich, schluckte. Er trat sich auf den Fuß. Dann nahm er einen Anlauf und saß in der Elektrischen. Mitten unter den Leuten.*
Erzählperspektive	**Textbeispiele**
Fließende Übergänge zwischen Innen- und Außensicht	*Das war zuerst, als wenn man beim Zahnarzt sitzt, der eine Wurzel mit der Zange gepackt hat und zieht, der Schmerz wächst, der Kopf will platzen. Er drehte den Kopf zurück nach der roten Mauer, aber die Elektrische sauste mit ihm auf den Schienen weg, dann stand nur noch sein Kopf in der Richtung des Gefängnisses.*

Darbietungsweise	**Textbeispiele**
Erlebte Rede: Gedanken der Figur werden in der 3. Pers. Präteritum wiedergegeben	*Man setzte ihn wieder aus. Drin saßen die andern, tischlerten, lackierten, sortierten, klebten, hatten noch zwei Jahre, fünf Jahre. Er stand an der Haltestelle.* *Die Strafe beginnt.*
Innerer Monolog: Gefühle und Gedanken der Figur in der 1. Pers. Präsens; dabei höhere Authentizität durch Umgangssprache und Jargon sowie Verzicht auf korrekte Syntax	*Was war denn? Nichts. Haltung, ausgehungertes Schwein, reiß dich zusammen, kriegst meine Faust zu riechen. Gewimmel, welch Gewimmel. Wie sich das bewegte. Mein Brägen hat wohl kein Schmalz mehr, der ist wohl ganz ausgetrocknet.*
Figuren	**Textbeispiele**
Franz Biberkopf als entlassener Strafgefangener, an der Sprache erkennbar niederes Milieu, voll von Angst und Überforderung, erlebt rückblickend die Haft als Phase der Sicherheit	*Die Menschen müssen doch Schuhe haben, wenn sie so viel rumlaufen, wir hatten ja auch eine Schusterei, wollen das mal festhalten. Hundert blanke Scheiben, laß die doch blitzern, die werden dir doch nicht bange machen, kannst sie ja kaputt schlagen, was ist denn mit die, sind eben blank geputzt.*
Raumgestaltung	**Textbeispiele**
Widerspruch zwischen der positiv dargestellten Enge des Eingesperrtseins und der beängstigenden Erlebnisfülle in der Stadt	*Hundert blanke Scheiben, laß die doch blitzern, die werden dir doch nicht bange machen, kannst sie ja kaputt schlagen, was ist denn mit die, sind eben blank geputzt.*
Stadt: bedrohliche Haus- und Schaufensterfassaden, aufgerissenes Pflaster, das man über einen Holzsteg überqueren muss; Boden unter den Füßen brüchig	*Man riß das Pflaster am Rosenthaler Platz auf, er ging zwischen den andern auf Holzbohlen.*

Zeitgestaltung	Textbeispiele
Zeitraffung: Erzählzeit verläuft rascher als das erzählte Geschehen	*Er drehte den Kopf zurück nach der roten Mauer, aber die Elektrische sauste mit ihm auf den Schienen weg, dann stand nur noch sein Kopf in der Richtung des Gefängnisses. Der Wagen machte eine Biegung, Bäume, Häuser traten dazwischen. Lebhafte Straßen tauchten auf, die Seestraße, Leute stiegen ein und aus.*
Motivik	**Textbeispiele**
Motiv der ungewollten Freiheit	*Die schwarzen eisernen Torflügel, die er seit einem Jahre mit wachsendem Widerwillen betrachtet hatte (Widerwillen, warum Widerwillen), waren hinter ihm geschlossen.*
Symbol der Gefängnismauer, bzw. des Gefängnistores, deren Außenseite als Strafe empfunden wird	*Er drehte den Kopf zurück nach der roten Mauer, aber die Elektrische sauste mit ihm auf den Schienen weg, dann stand nur noch sein Kopf in der Richtung des Gefängnisses.*

Bei der Ausformulierung dieser Aspekte muss genau wie bei der Beschreibung sprachlicher Gestaltungsmittel die **Wirkung in Hinsicht auf den Deutungsrahmen (Deutungshypothese)** dargestellt werden!

ANALYSIEREN EPISCHER TEXTE — Checkliste

Überprüfen Sie, ob Sie die folgenden Kriterien der Epikanalyse identifizieren und deuten können:

Zu Textbeispiel 1:

- → Welche Erzählform liegt hier vor?
- → Welches Erzählverhalten ist erkennbar?
- → Welche Erzählperspektive nimmt der Text ein?
- → In welcher Erzählhaltung steht der Erzähler zum Geschehen?
- → Wie wird die Figur, die Aschenbach begegnet, beschrieben?
- → Lässt sich etwas zur Motivik oder Symbolik sagen?

Zu Textbeispiel 2:

- → Welche Erzählform liegt hier vor?
- → Welche Erzählperspektive wurde gewählt?
- → In welcher Darbietungsform erscheint der Text?
- → Wie ist das Zeitgerüst gestaltet?
- → Was lässt sich über den Raum des Geschehens sagen?
- → Lässt sich etwas zur Motivik oder Symbolik sagen?

Textbeispiel 1: Thomas Mann, Der Tod in Venedig (1911)

Vorbemerkung:

Gustav Aschenbach ist ein berühmter Schriftsteller aus München, der mit seinen 50 Jahren allein lebt, da er bereits seit Langem verwitwet ist. Ein Sommerurlaub führt ihn nach Venedig, wo er seine Bewunderung und Liebe für den Knaben Tadzio entdeckt. Für diese unerwiderte und unmögliche Liebe gibt er seine Würde gänzlich auf und stirbt letztlich an der in Venedig grassierenden Cholera.

„[...] Ob er *[Anm. ein unbemerkt dazugekommener Besucher des Englischen Gartens in München]* nun aus dem Innern der Halle durch das bronzene Tor hervorgetreten war oder von außen unversehens heran und hinaus gelangt war, blieb ungewiss. Aschenbach, ohne sich sonderlich in die Frage zu vertiefen, neigte zur ersteren Annahme. Mäßig hochgewachsen, mager, bartlos und auffallend stumpfnäsig, gehörte der Mann zum rothaarigen Typ und besaß dessen milchige und sommersprossige Haut. Offenbar war er durchaus nicht bajuwarischen *[Anm. bairischen]* Schlages: wie denn wenigstens der breit und gerade gerandete Basthut, der ihm den Kopf bedeckte, seinem Aussehen ein Gepräge des Fremdländischen und Weitherkommenden verlieh. „[...] So – und vielleicht trug sein erhöhter und erhöhender Standort zu diesem Eindruck bei – hatte seine Haltung etwas herrisch Überschauendes, Kühnes oder selbst Wildes; denn sei es, dass er, geblendet gegen die untergehende Sonne grimassierte *[Anm. das Gesicht verzog]* oder dass es sich um eine dauernde physiognomische Einstellung handelte: seine Lippen schienen zu kurz, sie waren völlig von den Zähnen zurückgezogen, dergestalt, dass diese bis zum Zahnfleisch bloßgelegt, weiß und lang hervorbleckten. Wohl möglich, dass Aschenbach es bei seiner halb zerstreuten, halb inquisitiven Musterung des Fremden an Rücksicht hatte fehlen lassen; denn plötzlich ward er gewahr, dass jener seinen Blick erwiderte und zwar so kriegerisch, „[...] dass Aschenbach, peinlich berührt, sich abwandte [...]"

Thomas Mann: Der Tod in Venedig. Fischer Taschenbuchverlag GmbH, Frankfurt am Main 1976, S. 8

Angabe für den folgenden Text: Arthur Schnitzler: Leutnant Gustl. Reclam, Stuttgart 2009

Textbeispiel 2: Arthur Schnitzler, Leutnant Gustl (1900)

Vorbemerkung:

Leutnant Gustl, der den Bäckermeister Habetswallner wegen einer vermeintlichen Ehrverletzung zum Duell gefordert hat, ist die ganze Nacht vor dem Duell in Angst vor seinem möglichen Tod durch Wien geirrt. Am Morgen begibt er sich ins Kaffeehaus, um zu frühstücken.

Ah, da liegen ja Zeitungen ... schon heutige Zeitungen? ... Ob schon was drinsteht? ... Was denn? – Mir scheint, ich will nachseh'n, ob drinsteht, daß ich mich umgebracht hab'! Haha! – Warum steh' ich denn noch immer? ... Setzen wir uns da zum Fenster... Er hat mir ja schon die Melange hingestellt ... So, den Vorhang zieh' ich zu; es ist mir zuwider, wenn die Leut' hereingucken.. Es geht zwar noch keiner vorüber ... Ah, gut schmeckt der Kaffee – doch kein leerer Wahn, das Frühstücken! ... Ah, ein ganz anderer Mensch wird man – der ganze Blödsinn ist, daß ich nicht genachtmahlt hab'... Was steht denn der Kerl schon wieder da? – Ah, die Semmeln hat er mir gebracht ...
„Haben Herr Leutnant schon gehört?"
„Was denn?" Ja, um Gotteswillen, weiß der schon was? ... Aber, Unsinn, es ist ja nicht möglich!
„Den Herrn Habetswallner..."
Was? So heißt ja der Bäckermeister... was wird der jetzt sagen? ... Ist der am End' schon dagewesen? Ist er am End' gestern schon dagewesen und hat's erzählt? ... Warum red't er denn nicht weiter? ... Aber er red't ja...
„... hat heut' nacht um zwölf der Schlag getroffen." [...]
„Ist er tot?"
„Na, freilich, Herr Leutnant; auf'm Fleck ist er tot geblieben." [...]
Ich glaub', so froh bin ich in meinem ganzen Leben nicht gewesen... Tot ist er – tot ist er! Keiner weiß was, und nichts ist g'scheh'n! – Und das Mordsglück, daß ich in das Kaffeehaus gegangen bin ... sonst hätt' ich mich ja ganz umsonst erschossen – es ist doch wie eine Fügung des Schicksals... Wo ist denn der Rudolf? – Ah, mit dem Feuerburschen red't er ... – Also, tot ist er – tot ist er – ich kann's noch gar nicht glauben! Am liebsten möcht' ich hingeh'n, um's zu seh'n. – – Am End' hat ihn der Schlag getroffen aus Wut, aus verhaltenem Zorn ... Ah, warum, ist mir ganz egal! Die Hauptsach' ist: er ist tot, und ich darf leben, und alles g'hört wieder mein! ... Komisch, wie ich mir da immerfort die Semmel einbrock', die mir der Herr Habetswallner gebacken hat! Schmeckt mir ganz gut, Herr von Habetswallner! Famos! – So, jetzt möcht' ich noch ein Zigarrl rauchen ...

Dramentexte analysieren

ZENTRALE BEGRIFFE

Das **Drama**, abgeleitet vom altgriechischen Wort für „**Handlung**", ist die literarische Gattung, bei der **Schauspieler mit verteilten Rollen** eine **Bühnenhandlung** vorführen.
Im Sinne der Mimesis (Nachahmung) werden dabei Situationen dargestellt, bei denen Figuren miteinander, mit sich selbst oder mit Systemen (z. B. Religion, Politik, Wirtschaft) in Konflikt geraten. Mimetisch ist daran die Tatsache, dass nicht etwa reale Situationen abgebildet werden, sondern **allgemeintypische**, **existenzielle Grundkonflikte des Menschen**.
Mit Drama bezeichnet man grundsätzlich **alle Formen von Bühnenstücken**, allerdings wird, ausgehend vom Begriff „dramatisch", häufig fälschlicherweise das Drama synonym mit der Tragödie gesetzt.

Die wichtigsten Dramentypen

Je nach Thematik, Aufbau der Handlung und den eingesetzten Mitteln zur Erreichung der Wirkungsabsicht unterscheiden sich die bekanntesten Dramentypen.

Tragödie

- Dt.: Trauerspiel, älteste Dramenform mit Ursprung in der griechischen Antike
- Thema: das unverschuldete Geraten der Hauptfigur in einen existenziellen Konflikt
- Dilemma: Jegliche Entscheidung des Protagonisten führt zu einer tragischen Entwicklung, häufig dem Tod des Protagonisten oder anderer Figuren.
- Aristotelisches Drama als Idealform: Katharsis (Reinigung der Affekte, sittliche Besserung) beim Zuschauer durch Miterleben der furchtauslösenden Handlung
- Abfassung in Versen und mit metrischer Gestaltung
- Beispiele: Sophokles, *Antigone*, *König Ödipus* (5. Jh. v. Chr.), Friedrich Schiller, *Maria Stuart* (1800)

Komödie

- Dt.: Lustspiel, zusammen mit der Tragödie älteste Dramenform mit Ursprung in der griechischen Antike
- Komik als tragendes Element: übertriebene Darstellung menschlicher Schwächen
- in der Regel guter Ausgang
- Erziehungseffekt beim Zuschauer: Abgrenzung und Ablehnung von negativen Verhaltensweisen und Charakterzügen durch Herabblicken und Verspotten
- Beispiel: Heinrich v. Kleist, *Der zerbrochne Krug* (1808)

Bürgerliches Trauerspiel

- Protagonisten sind entgegen der aristotelischen Ständeklausel nicht Adlige, sondern Bürgerliche bzw. aus dem niederen Adel.
- in Deutschland seit der Aufklärung, besonders durch Lessing hervorgebracht
- Themen entsprechend weniger ethisch hochstehend, sondern eher dem Alltag der Normalbevölkerung entnommen: Liebe, Moral, Standeskonflikte, besonders Verstöße gegen bürgerliches Selbstverständnis
- formale Gestaltung in Prosa und nicht mehr in Versen
- Beispiele: Gotthold Ephraim Lessing, *Emilia Galotti* (1772), Friedrich Schiller, *Kabale und Liebe* (1784)

Stationendrama

- lockere Abfolge von Einzelszenen
- Offenes Drama: keine Linearität der Handlung
- Wirkungsabsicht: Rezipient setzt sich sein Bild vom Geschehen selbst zusammen
- Beispiele: Dramen Bertolt Brechts, z. B. *Der gute Mensch von Sezuan* (1943)

Analytisches Drama

- Auch: Enthüllungsdrama, d. h., wesentliche Geschehnisse der Handlung liegen außerhalb des Stücks, sind schon zuvor passiert, werden im Laufe des Stücks dann enthüllt.
- Perspektive des Rückblicks ist Grundlage für den Spannungsbogen.
- Beispiel: Friedrich Hebbel, *Maria Magdalena* (1844)

Ideendrama

- Die zugrundeliegende Idee steht im Zentrum, Handlung und Figuren besitzen dagegen keinen eigenen Stellenwert.
- meist eine sittliche oder religiöse Thematik im Mittelpunkt
- Beispiel: Gotthold Ephraim Lessing, *Nathan der Weise* (1779)

Figurendrama

- Im Gegensatz zum Handlungsdrama sind die Charaktere der Figuren schwerpunktmäßig verantwortlich für den zugrundeliegenden Konflikt.
- Ausgestaltung der Charaktere nimmt breiten Raum der Handlung ein.
- Beispiele: Wolfgang v. Goethe, *Götz von Berlichingen mit der eisernen Faust* (1773), Heinrich v. Kleist, *Prinz Friedrich von Homburg* (1809/10, uraufgeführt 1821)

Handlungsdrama

- Im Gegensatz zum Figurendrama tragen die äußeren Handlungen das Geschehen.
- häufig im sozialkritischen Kontext, wo Fehlverhalten existenzielle Konsequenzen nach sich zieht
- Beispiele: Gerhart Hauptmann, *Vor Sonnenaufgang* (1889)

Zu dieser Unterteilung ist zu sagen, dass eine Einordnung eines Dramas meist in mehrere Kategorien möglich ist. Es liegen häufig Überschneidungen vor (also die Möglichkeit unterschiedlicher Zuordnung), je nachdem, ob man nach dem Handlungsverlauf, den Mitteln der Umsetzung oder der Figurenzeichnung vorgeht.

Formen des Theaters

Während die obige Unterscheidung in Dramentypen sich eher an der **inhaltlichen Gestaltung** der Handlung ausrichtet, lassen sich Bühnenstücke grundsätzlich ebenso nach ihrem **Bauprinzip** spezifizieren. Hiermit verbunden ist eine jeweils unterschiedliche Ästhetik, also **Wirkungsweise**.

Die zwei Hauptgruppen sind hierbei das klassische, aristotelische (geschlossene) Theater und das nicht-aristotelische (offene) Theater.

Aristotelisches Theater

Wirkungsweise nach Aristoteles	• Darstellung (Nachahmung: *mimesis*) einer in sich geschlossenen Handlung, die durch künstlerische Gestaltungsmittel für den Zuschauer aufbereitet ist. • sittliche Besserung („Reinigung der Affekte“: *katharsis*) durch Einfühlen in die tragische Situation des Protagonisten und Mitfühlen mit ihm • unterschiedliche Emotionen, die in einem „Wechselbad der Gefühle“ stehen (gr. *eleos*: Jammern/gr. *phobos*: Schaudern), intensivieren das Erleben des Betrachters. • Zielzustand ist idealerweise die Abkehr von eigenen sittlichen Schwächen.
Dreieinheitenlehre	• Einheit des Ortes: Bühnengeschehen möglichst nur in einem Raum oder an einem Ort, d. h. keine Schauplatzwechsel • Einheit der Zeit: überschaubarer Handlungszeitraum, dargestellter Zeitrahmen sollte ca. einen Tag nicht überschreiten (24 bis 36 Stunden) • Einheit der Handlung: linearer Verlauf in nur einem Handlungsstrang, keine Sprünge oder Nebenhandlungen: einzige Möglichkeiten, hiervon abzuweichen, durch: → Mauerschau: Figur blickt beispielsweise durch ein Fenster auf einen anderen Schauplatz und referiert das dort Gesehene → Hereintragen externer Geschehnisse in die Haupthandlung → Botenbericht: externe Figur kommt hinzu und berichtet von einem Geschehen an einem anderen Ort → trägt zur Haupthandlung bei
Symmetrischer Bauplan nach Gustav Freytag	• drei bzw. fünf Akte mit einer symmetrischen Mitte beim 2. bzw. 3. Akt • Jeder Akt erfüllt eine spezifische Funktion für die Handlung. 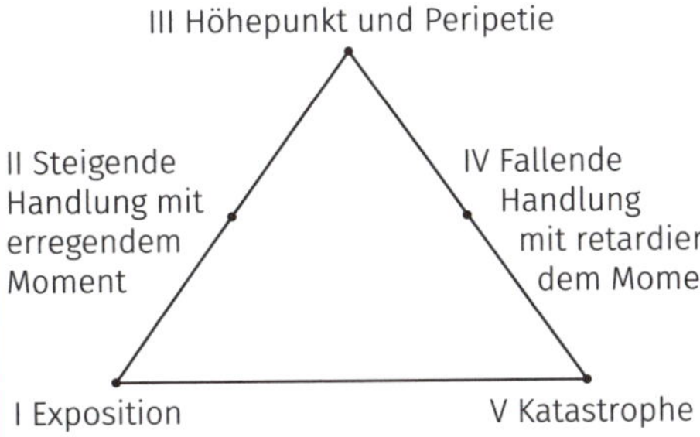

Ständeklausel	• nach Aristoteles nur Figuren gehobenen Standes (Adlige, Könige, Halbgötter), um den erhabenen sittlichen Gehalt des Themas angemessen zu vermitteln • Fallhöhe: Sturz einer Figur hohen Standes ist relativ tiefer als einer niederen Figur → erschütterndere Wirkung
Hohe Sprache	• Sprache des Adels korrespondiert mit Ständeklausel, Abfassung in Versen, Metrum und ggf. Reim • Stichomythie: versweise, dicht aufeinanderfolgende Wechselrede, häufig mit Aufgreifen eines Wortes des Vorredners; „Wortgefecht", dicht und schnell, der letzte Stich siegt → Erhöhung der dramatischen Wirkung an zentralen Stellen der Handlung

Nicht-aristotelisches Theater

Mit der Wiederentdeckung der Dramen Shakespeares in Deutschland ab ca. 1760 finden sich offene Dramengestaltungen bei Goethe, Herder und Wieland. Besonders aber ab der Moderne ist das geschlossene Drama eher die Ausnahme.

Wirkungsweise	unterschiedliche Ansätze: → bewusstes Durchbrechen des Empathie-Ansatzes (Brecht) → intensiveres Einfühlen durch Auseinandersetzung mit losen Szenen → Wirkung der Wirklichkeit (Dokumentardrama)
Verzicht auf Geschlossenheit	• Ortssprünge möglich, Orte ggf. völlig reduziert dargestellt • Zeitsprünge, Vorausschauen, Rückblenden möglich • keine Linearität der Handlung, Szenen in loser Folge, Fragmentarisches, Leerstellen möglich → insgesamt mehr Wahrnehmungs- und Deutungsspielraum für den Zuschauer
Figuren/ Sprache	• „normale Leute" oder sozial niedrig stehende Figuren • deren innere Konflikte dienen häufig als Sozialkritik, vgl. Georg Büchner, *Woyzeck* (1836/37), Dramen Gerhart Hauptmanns: Kleinbürgertum, Proletariat, Gosse • authentische Sprache, die zum sozialen Stand passt: Dialekt, Soziolekt, fehlerhafte Sprache

Die wichtigsten offenen Dramentypen

Im 20. Jahrhundert bildeten sich Theaterkonzepte heraus, die jeweils auf ihre Weise Gesellschaftskritik in einer möglichst eindringlichen, sogar erzieherischen Weise vermitteln wollten. Im 21. Jahrhundert wird auf diese Traditionen immer wieder zurückgegriffen, sei es in Form ganzer Dramen oder nur passagenweise.

Episches Theater nach Bertolt Brecht

- radikale Abkehr von den Merkmalen der Geschlossenheit hin zu einer collageartigen Komposition von Szenen: Montagetechnik
- gezieltes Durchbrechen der Mitfühlensebene beim Zuschauer, damit dieser sich gerade nicht mit den Figuren identifiziert und dadurch in einer persönlichen Weiterentwicklung nicht blockiert ist
- vielmehr Schaffung einer kritischen Distanz zur Förderung von Reflexion
- **Verfremdungseffekte**: Auftreten eines Erzählers (episches Element), der das Geschehen kommentiert und den Zuschauer direkt anspricht
- Einbau von „Songs", die parabelhaft das Geschehen bewerten
- Kritik v. a. an Kapitalismus und Krieg

Absurdes Theater

- Theater: Verkörperung der Sinnlosigkeit erzeugt Absurdität
- basierend auf der existenzialistischen Weltsicht u. a. Albert Camus'
- Intention: Existenz ist ohne Sinn, Ausweglosigkeit des Individuums
- Beispiele: Samuel Beckett, *Warten auf Godot* (1952), Wolfgang Hildesheimer, *Spiele, in denen es dunkel wird* (1958)

Dokumentartheater

- **„Theater der Berichterstattung"** laut Peter Weiss
- zu Dramentexten komponierte Originaldokumente aus Verhören, Protokollen oder Gerichtsprozessen
- Ziel: Vermittlung des Schreckens, der dem behandelten Stoff innewohnt, durch größtmögliche Originaltreue und Authentizität

- Intention: Kritik an der unzureichenden gesellschaftlichen Aufarbeitung von Themen wie geschichtliche Schuld, Verleugnung von Missständen, Verdrängung einer Diskursnotwendigkeit
- Beispiele: Peter Weiss, *Die Ermittlung* (1965), Heinar Kipphardt, *In der Sache Robert J. Oppenheimer* (1964), Andreas Veiel, *Der Kick* (2005), Ferdinand v. Schirach, *Terror* (2015)

Kategorien der Dramenanalyse

Im Mittelpunkt der Dramenhandlung stehen die Figuren, die versuchen, ihren Konflikt zu bewältigen und im besten Fall zu lösen. Daher gelten für die Untersuchung von Dramentexten vorrangig Kriterien, die den Charakter, das Beziehungsgeflecht, das Handeln und das Sprechen der Figuren betreffen.

Figurenzeichnung	• Wer sind die Figuren? • ihr Charakter in ihren Handlungen • ihre Selbstaussagen • Aussagen anderer Figuren über sie • Hinweise aus Regieanweisungen
Figurengeflecht/ Figurenkonstellation	• Konfliktbeteiligte • Beziehung zu anderen Figuren • Beziehung als Ausgangslage für den Kernkonflikt
Handlung/ Dialog	• Art und Ursache des Konflikts • Verhalten der Figur/en aufgrund des Konflikts (z. B. Resignation/Lösungsversuch durch Handeln/Lösungsversuch auf kommunikativer Ebene/Konfrontation) • Gründe für das Scheitern von Lösungsansätzen • Verlauf der Handlung, vgl. fünfaktiger Aufbau des klassischen Dramas: Ausgangspunkt des Konflikts, Weiterentwicklung mit Zuspitzung, Wendepunkt, Ende: Katastrophe oder Lösung
Figurenrede	• Monolog: Aufschluss über das Innenleben einer Figur: Gedanken, Befürchtungen, Werthaltungen, Selbstreflexion • Dialog: Auseinandersetzung mit der Gegenfigur/den Gegenfiguren, dabei wichtig Redestrategien, z. B. herausfordern, provozieren, anklagen, beschwichtigen, belügen, besänftigen, befrieden, Einigkeit herbeiführen

	• erfolgreicher oder ergebnisloser Dialog z. B. durch aufeinander eingehen, aneinander vorbeireden, Argumentationsebenen wechseln • Sprache: Wortwahl, Satzbau, Bildlichkeit, Rhetorik • Regieanweisungen geben Hinweise darauf, wie Figuren etwas sagen

Analyse eines Dramenauszuges

Abi Tipp

DER DIALOG ALS WECHSELSPIEL

Die Dialogführung sollte zu Beginn der Textbeschreibung/Erschließung inhaltlich wiedergegeben werden, sodass der Kern des Konflikts deutlich wird. Praktisch ist es hierbei, sich in den eigenen Notizen das Wechselspiel auch grafisch zu vergegenwärtigen:

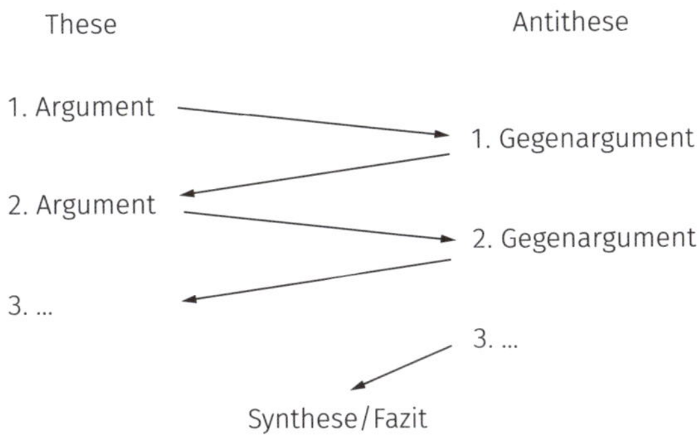

Aufgabe:
Analysieren Sie die vorliegende Szene, indem Sie den Dialogverlauf wiedergeben und den zentralen Konfliktbereich des Textausschnitts herausarbeiten. Gehen Sie hierzu auf die Figurenzeichnung, ihr Handeln und ihre Sprache ein.

G. E. Lessing

Emilia Galotti

1772

Vorbemerkung:
Der Prinz von Guastalla, der sich in die Tochter eines seiner Offiziere, Emilia Galotti, verliebt hat, erfährt, dass diese noch am selben Tag den Grafen Appiani heiraten soll. Er ist so versessen darauf, dies zu verhin-

dern und Emilia für sich selbst zu gewinnen, dass er seinem Kammerherrn Marinelli freie Hand gibt, die Sache zu seinen Gunsten zu regeln. In der vorliegenden Szene bekommt der Prinz in seinem Amtszimmer von seinem Rat, Camillo Rota, ein Todesurteil zur Unterschrift vorgelegt.

Erster Aufzug, Achter Auftritt

Camillo Rota, Schriften in der Hand. Der Prinz.

Der Prinz. Kommen Sie, Rota, kommen Sie. – Hier ist, was ich diesen Morgen erbrochen[1]. Nicht viel Tröstliches! – Sie werden von selbst sehen, was darauf zu verfügen. – Nehmen Sie nur.

Camillo Rota. Gut, gnädiger Herr.

Der Prinz. Noch ist hier eine Bittschrift einer Emilia Galot... Bruneschi will ich sagen. – Ich habe meine Bewilligung zwar schon beigeschrieben. Aber doch – die Sache ist keine Kleinigkeit. – Lassen Sie die Ausfertigung noch anstehen[2]. – Oder auch nicht anstehen: wie Sie wollen.

Camillo Rota. Nicht wie ich will, gnädiger Herr.

Der Prinz. Was ist sonst? Etwas zu unterschreiben?

Camillo Rota. Ein Todesurteil wäre zu unterschreiben.

Der Prinz. Recht gern. – Nur her! geschwind.

Camillo Rota (stutzig und den Prinzen starr ansehend). Ein Todesurteil – sagt' ich.

Der Prinz. Ich höre ja wohl. – Es könnte schon geschehen sein. Ich bin eilig.

Camillo Rota (seine Schriften nachsehend). Nun hab ich es doch wohl nicht mitgenommen! – – Verzeihen Sie, gnädiger Herr. – Es kann Anstand[3] damit haben bis morgen.

Der Prinz. Auch das! – Packen Sie nur zusammen; ich muß fort – Morgen, Rota, ein Mehres[4]! *(Geht ab.)*

Camillo Rota (den Kopf schüttelnd, indem er die Papiere zu sich nimmt und abgeht). Recht gern? – Ein Todesurteil recht gern? – Ich hätt' es ihn in diesem Augenblicke nicht mögen unterschreiben lassen, und wenn es den Mörder meines einzigen Sohnes betroffen hätte. – Recht gern! Recht gern! – Es geht mir durch die Seele dieses grässliche Recht gern!

Gotthold Ephraim Lessing: Emilia Galotti. Ein Trauerspiel in fünf Aufzügen. Reclam, Stuttgart 1988

---

1 geöffnet

2 warten Sie noch mit der endgültigen Genehmigung

3 Aufschub

4 alles Weitere

Aspekte der Dialoganalyse

Basissatz/Deutungshypothese

- Der Rat des Prinzen, Camillo Rota, der seinem Herrn bei der Erledigung von Amtsgeschäften assistiert, legt diesem u.a. ein Todesurteil zur Unterzeichnung vor.
- Der Prinz jedoch ist in Gedanken nur bei Emilia Galotti, sodass er der Schwere der Urteilsunterzeichnung nicht gerecht werden kann, woraufhin Rota es unter einem Vorwand nochmals zurückzieht.

→ Kritik an der Gleichgültigkeit und Beliebigkeit des absolutistischen Fürsten bei seiner Amtsausübung

Dialogverlauf/Grundkonflikt

- „Prinz **lamentiert** über unerquickliche Amtsgeschäfte, dabei **verspricht** er **sich** bei Nennung der Bürgerin Emilia Bruneschi und **sagt** stattdessen **spontan**: „Emilia Galot..." Rota steht zunächst dienstfertig zur Verfügung (Z. 1–10).
- Als nächsten Fall **kündigt** Rota dem Prinzen ein Todesurteil zur Unterzeichnung **an**, was dieser aber gedankenverloren kaum als solches wahrnimmt. Rota **setzt** einmal **nach**, um dessen Aufmerksamkeit zu wecken, doch dieser reagiert nicht angemessen, sondern **verweist auf** Eile. (Z. 11–13).
- Rota **gibt** daraufhin **vor**, es doch nicht in seinen Unterlagen zu haben und **schiebt** die Sache **auf**, was für den Prinzen einerlei ist. Für sich selbst **kritisiert** er den leichtfertigen Umgang des Fürsten mit diesem Fall. (Z. 14–25).
- Als Grundkonflikt stehen nun die gegensätzlichen Haltungen der beiden Figuren im Raum: Rota beharrt auf einer seriösen Amtsführung, die mit Todesurteilen gewissenhafter umgeht, der Prinz hingegen orientiert sich vorrangig an seinen persönlichen Bedürfnissen.

Figurenzeichnung

Prinz von Guastalla

→ gebieterisch, herrisch (Vgl.: *Kommen Sie, Rota, kommen Sie./ Nur her! geschwind.*)

→ mit Gedanken bei ganz anderer Sache (Vgl. *Noch ist hier eine Bittschrift einer Emilia Galot... Bruneschi will ich sagen./Recht gern! – Nur her! Geschwind*)

- → möchte eilig die Amtsgeschäfte hinter sich bringen, um sich gedanklich Emilia Galotti zuwenden zu können (Vgl. *Ich höre ja wohl. – Es könnte schon geschehen sein. Ich bin eilig./Packen Sie nur zusammen; ich muß fort*)

Camillo Rota

- → dienstfertig als Untergebener (Vgl. *Gut, gnädiger Herr./Nicht wie ich will, gnädiger Herr.*)
- → seriös in der Amtsausführung (Vgl. *Ein Todesurteil – sagt' ich.*)
- → menschlich, Wert der Humanität (Vgl. *Ein Todesurteil recht gern? – Ich hätt' es ihn in diesem Augenblicke nicht mögen unterschreiben lassen, und wenn es den Mörder meines einzigen Sohnes betroffen hätte. (...) Es geht mir durch die Seele dieses grässliche Recht gern!*)

Figurenrede

- Dialog:
  - → Rota und der Prinz sprechen nicht auf derselben Ebene: Prinz in Gedanken bei Emilia, Rota bei der Aufgabenerledigung
  - → kein konsensualer Dialog, aber auch kein offen konfrontativer
  - → Figuren sprechen aneinander vorbei, da sie völlig unterschiedliche Zielsetzungen haben
  - → sprachlich dabei beim Prinzen v. a. Parataxe, Ellipse, Ausrufe, Imperative, bei Rota Kürzestsätze, v. a. Ellipse
- Monolog Rotas im letzten Absatz:
  - → Entsetzen über Desinteresse des Prinzen an seinem Amt und dessen gewissenhafter Ausführung
  - → aufgebracht über den unmenschlichen Umgang mit den Untertanen: Ausrufe, Frage, Wiederholung der Floskel *recht gern*
  - → Herausbrechen eines Schwalls an Gedanken, die er sich nicht traut, dem Prinzen gegenüber direkt zu äußern

Strukturierte Wiedergabe von Dialogen

Dialogverläufe dürfen – so wie alle Texthandlungen auch in anderen literarischen Gattungen – **nicht nacherzählt** werden. Die Inhalte des Gesagten müssen vielmehr **auf die jeweilige Kernaussage reduziert** und abstrahiert werden. Auch kommt es auf die jeweilige **Redestrategie** der Figuren an. Zu diesem Zweck sind „**Funktionsbegriffe**" zu verwenden, die die jeweiligen kommunikativen Vorgänge bereits enthalten. Vergleichen Sie hierzu die fett gedruckten Verben auf der vorigen Seite.

Friedrich Schiller

Maria Stuart

1800

Vorbemerkung:
Königin Elisabeth von England hält Maria Stuart, die Königin von Schottland, in London gefangen, nachdem diese nach England gekommen ist und nun ihren eigenen Thronanspruch geltend macht. Im zweiten Aufzug sieht sie sich mit einem Heiratsantrag durch die französische Gesandtschaft konfrontiert. Obwohl die Hochzeit ein politisches Bündnis mit Frankreich bedeuten würde, wehrt sich Elisabeth innerlich gegen eine eheliche Verbindung.

Zweiter Aufzug, zweite Auftritt
Elisabeth. Die Könige sind nur Sklaven ihres Standes,/Dem eignen Herzen dürfen sie nicht folgen./Mein Wunsch war's immer, unvermählt zu sterben,/Und meinen Ruhm hätt' ich darein gesetzt,/Daß man dereinst auf meinem Grabstein läse:/„ Hier ruht die jungfräuliche Königin."/Doch meine Untertanen wollen's nicht,/Sie denken jetzt schon fleißig an die Zeit,/Wo ich dahin sein werde – Nicht genug,/Daß jetzt der Segen dieses Land beglückt,/Auch ihrem künft'gen Wohl soll ich mich opfern,/Auch meine jungfräuliche Freiheit soll ich,/Mein höchstes Gut, hingeben für mein Volk,/Und der Gebieter wird mir aufgedrungen./Es zeigt mir dadurch an, daß ich ihm nur/Ein Weib bin, und ich meinte doch, regiert/Zu haben wie ein Mann und wie ein König./Wohl weiß ich, daß man Gott nicht dient, wenn man/Die Ordnung der Natur verläßt, und Lob/Verdienen sie, die vor mir hier gewaltet,/Daß sie die Klöster aufgetan und tausend Schlachtopfer einer falschverstandnen Andacht/Den Pflichten der Natur zurückgegeben./Doch eine Königin, die ihre Tage/Nicht ungenützt in müßiger Beschauung/Verbringt, die unverdrossen, unermüdet/Die schwerste aller Pflichten übt, die sollte/Von dem Naturzweck ausgenommen sein,/Der eine Hälfte des Geschlechts der Menschen/Der andern unterwürfig macht –

Friedrich Schiller: Maria Stuart. Reclam, Stuttgart 2001, S. 40 ff.

ANALYSIEREN VON DRAMENAUSZÜGEN — Checkliste

Überprüfen Sie, ob Sie die folgenden Aspekte der Dramenanalyse richtig erschließen können.

- Welche Art der dramatischen Figurenrede liegt hier vor?
- In welchem persönlichen Grundkonflikt befindet sich die Figur?
- Wie verläuft ihr Gedankengang?
- Welche sprachlichen Gestaltungsmittel bringen diese Situation besonders deutlich zum Ausdruck?

Lyrik analysieren

ZENTRALE BEGRIFFE

Verwandt mit dem Wort „Lyra" (Lyra = antikes Zupfinstrument), bezeichnet **Lyrik** gedichtete Texte, die in der griechischen Antike auch vorgesungen, bzw. **von einer Lyra begleitet vorgetragen** wurden. Die Gedichte der höfischen (Minne-)Sänger wurden von diesen selbst auch als „liet" bezeichnet.

Der gemeinsame Ursprung zweier für uns heutzutage eher getrennt wahrgenommener Gattungen, Gedicht und Lied, zeigt sich aber auch noch in der äußeren Form von Gedichten: In der Regel erscheinen sie in **Versen**, sind häufig **rhythmisiert** und manchmal auch heute noch **gereimt**.

Inhaltlich ist ein Gedicht ein Text, der in **komprimierter Weise** den **subjektiven Blick des Künstlers** auf sein Thema wiedergibt. Entsprechend bedient es sich **sprachlich besonderer Gestaltungsmittel**, um diese künstlerische Ausdrucksform zu unterstreichen und auf **knappem Raum intensive Wirkung** zu erzielen.

Es kann ein **lyrisches Ich** auftreten, das jedoch **nicht mit dem Verfasser identisch** ist. (Vgl. Erzähler in der Epik)

Häufige Gedichtsorten

In Kapitel 1 wurde bereits deutlich, dass manche Gedichtsorten (beispielsweise Ballade oder Sonett) zu unterschiedlichen Zeiten besonders beliebt waren.
Neben formalen Aspekten unterliegen aber auch Themen, Stoffe und Inhalte dem Einfluss von „Moden", die wiederum den sozialen und politischen Zeitumständen zuzuschreiben sind, unter denen die Autorinnen und Autoren leben und schreiben. In der folgenden Auflistung erscheinen diejenigen, die im schulischen Gebrauch häufig vorkommen.

Ballade

- Erzählgedicht (besonders seit dem 18. Jahrhundert)
- ursprünglich aus der Trobadordichtung (alternative Schreibweise: Trobadourdichtung): Tanzlied
- enge Verflechtung dreier Gattungsmerkmale: Dramatik, Lyrik, Epik, d.h. ein Erzähler gibt in strophischer Form eine dramatische Handlung (Dialoge, Höhepunkt eines tragischen Geschehens) wieder
- Beispiele: Friedrich Schiller, *Das Lied von der Glocke* (1798), Theodor Fontane, *Die Brück' am Tay* (1880)

Dinggedicht

- ein Gegenstand oder ein Lebewesen im Mittelpunkt
- besonders seit der zweiten Hälfte des 19. Jahrhunderts (*Symbolismus*)
- Das „Ding" verweist auf die ihm innewohnende Symbolik
- Rainer Maria Rilke, *Der Panther* (1902/3), *Das Karussell* (1906); Conrad Ferdinand Meyer, *Der römische Brunnen* (1882),

Elegie

- aus dem Griechischen: Klagelied
- in der griechischen Antike ursprünglich vorwiegend formal definiert: Distichon, d.h. Kombination von Hexameter und Pentameter
- bald schon inhaltliche Ausrichtung relevanter: Trauer, Schwermut, Sehnsucht
- in der deutschsprachigen Literatur verstärkt in Erscheinung getreten bei Friedrich Schiller, z.B. *Die Götter Griechenlands* (1788) und Wolfgang v. Goethe, *Römische Elegien* (1790/95), im 20. Jahrhundert bei Rainer Maria Rilke, *Duineser Elegien* (1912–22) und Bertolt Brecht, *Buckower Elegien* (1953)

Hymne, Hymnus

- Gedicht zum Ausdruck hoher Verehrung (vgl. Nationalhymne)
- in der Antike zur Helden-, Götter- oder Naturverehrung, im Mittelalter v.a. christlicher Kontext: Lobpreis als Teil der Liturgie
- In der Neuzeit Lösung vom religiösen Gehalt, freiere Rhythmik und Form
- Beispiele: Wolfgang v. Goethe, *Das Göttliche* (1785), *Ganymed* (1774), *Prometheus* (1774) als Anti-Hymnus

Ode

- feierliches Gedicht
- ursprünglich nach strengen Vorgaben aufgebaute Gesänge des Chors im antiken griechischen Drama
- klare strophische Gliederung, häufig reimlos, kunstvolle Stilistik, Pathetik
- Beispiel: Friedrich Schiller, *An die Freude* (1785)

Sonett

- aus der italienischen Renaissance: „kleines Tonstück"
- fester Aufbau: zwei Quartette (vierversige Strophen), zwei Terzette (dreiversige Strophen), 14 Verse
- im deutschsprachigen Sonett häufig fünfhebiger Jambus
- Kadenzen klingend oder stumpf
- inhaltlich grundsätzlich antithetischer Aufbau, dabei These im 1. Quartett, Antithese im 2. Quartett, Synthese in den Terzetten oder: These in den Quartetten, Antithese in den Terzetten
- Beispiele: Wolfgang v. Goethe, *Natur und Kunst* (1800)

Neben diesen relativ deutlich umrissenen Gedichtsorten, die häufig ihren Ursprung in der Antike haben, zeichnet sich die moderne Lyrik des 20. Jahrhunderts verstärkt dadurch aus, mit Konventionen zu brechen. Es wird besonders auf die Formstrenge verzichtet.

Moderne Lyrik

- Besonders seit der Wende zum 20. Jahrhundert: Verlust moralischer oder religiöser Sinngebungen seit der Moderne führt zur Abwendung von tradierten Formen; Traditionsbruch als Ausdrucksmittel bzw. Kritikansatz → Defektheit als Motiv und Form.
- im postmodernen Ansatz teilweise dann wieder Rückgriff auf frühere Formen, Zusammensetzung zu neuen Form-Wirkungszusammenhängen
- im 21. Jahrhundert daher Nebeneinander einer großen Bandbreite unterschiedlichster lyrischer Erscheinungsformen.

Kategorien der Lyrik-Analyse

Lyrik möchte auf verhältnismäßig knappem Raum eine **Wirkung** erzielen, die den subjektiven Blick des Verfassers vermittelt und im Idealfall in der subjektiven Wahrnehmung des Rezipienten etwas anklingen lässt. Hierzu bedient sie sich einerseits prägnanter **sprachlicher Gestaltungsmittel** (siehe Tabelle oben), andererseits aber auch der **Wechselwirkung zwischen Inhalt, Sprache und Form**.

Abi Tipp

DIE BEDEUTSAMKEIT VON BEFUNDEN HÄNGT VOM KONTEXT AB

Ob in Gedichten (und auch in anderen literarischen Textsorten) Befunde für die Deutung der Wirkung bedeutsam sind, ergibt sich immer aus dem Kontext: Wenn in einem strophisch und metrisch regelmäßig durchgestalteten Text etwa Verse auftreten, die sich nicht reimen, ist das eine Besonderheit. Auf diese sollte in der Deutung eigens eingegangen werden. Ebenso: Wenn ein Gedicht ein erkennbares Metrum aufweist und ggf. auch Reime, dann ist es vor diesem Hintergrund auffällig, wenn dabei z. B. die Strophen nicht gleichförmig gestaltet sind. Haben diese etwa jeweils unterschiedlich viele Verse, ist es wichtig, diese differenzierter zu deuten.

Strophen/ Verse	• Zahl der Strophen, Zahl der Verse pro Strophe • Länge der Verse, besonders bei deutlichen Schwankungen • Zu beachten: Gleichförmigkeit oder auffallend uneinheitliche Gestaltung
Reim/Klang	• einheitliches Reimschema erkennbar oder beliebige Gestaltung • Reimschema, gekennzeichnet mit Buchstabenfolgen, z. B.: **abba** • Reimschemata: Kreuzreim **abab**, Klammerreim **abba**, Paarreim **aabb** • Waisen: einzelne Versenden, die sich innerhalb eines ansonsten gegebenen Reimschemas nicht reimen → auf besondere inhaltliche Bedeutung achten • unreiner Reim, z. B.: dies – süß • Assonanz (Gleichklang): auf den Vokalen basierende klangliche Zusammengehörigkeit mehrerer Wörter, auch über Verse und Strophen hinweg (Vgl. Gedichtanalyse „Weise des Dichters“)

Metrum	• auch Versfuß, Versmaß: Rhythmik des Gedichtes • einheitliche oder freie Gestaltung • bekannte Versmaße: Jambus x**x́**, Trochäus **x́**x, Daktylus **x́**xx, Anapäst xx**x́** • Wirkung: → Jambus eher fließend, ähnlich der gesprochenen Sprache = eher natürlicher, beruhigender Klang → Trochäus, Daktylus, Anapäst mehr kunstfertig, künstlich, unterstreicht eher den lyrischen Charakter des Textes • Zäsur: Pause, Unterbrechung des Rhythmus, ähnlich wie beim Versende • Enjambement (Zeilensprung): Satzfluss geht ohne Zäsur über das Versende hinaus • Kadenz: → Weiblich/klingend, d. h. die letzte Silbe des Verses ist unbetont, z. B. kling-en ♀ → Männlich/stumpf, d. h. Betonung auf der letzten Silbe eines Verses, z. B. he-ran ♂
Wortwahl/ Stil	• Auffälligkeiten im Bereich von Wortfeldern, z. B. aus Natur, Liebe, Krieg, Stadt • Auffälligkeiten in der Stilistik, z. B. pathetisch, lakonisch, spöttisch, neutral
Bildlichkeit	• für die Lyrik besonders relevant: Symbole, Metaphern, Vergleiche, Parabeln • Sinnbezug, auf den das Gedicht hiermit verweist, ist maßgeblich für die Interpretation

Vergleichende Gedichtanalyse

In vielen Bundesländern wird in der Abiturprüfung die vergleichende Analyse zweier Gedichte verlangt. Diese sind meist motivverwandt und häufig formal sehr unterschiedlich gestaltet, besonders, wenn sie aus unterschiedlichen Zeiten stammen.

Aufgabenbeispiel:
Analysieren Sie die beiden folgenden Gedichte hinsichtlich der jeweiligen Gestaltung des Mond-Motivs. Berücksichtigen Sie dabei die sprachlich-stilistische und die formale Gestaltung und gehen Sie auf den jeweiligen Zeithintergrund ein.

I *J. W. v. Goethe:*

Dem aufgehenden Vollmonde (1828)

Dornburg, den 25. Aug. 1828.

Willst du mich sogleich verlassen?
Warst im Augenblick so nah!
Dich umfinstern Wolkenmassen
Und nun bist du gar nicht da.

Doch du fühlst, wie ich betrübt bin,
Blickt dein Rand herauf als Stern!
Zeugest mir, daß ich geliebt bin,
Sei das Liebchen noch so fern.

So hinan denn! hell und heller,
Reiner Bahn, in voller Pracht!
Schlägt mein Herz auch schmerzlich schneller,
Überselig ist die Nacht.

Johann Wolfgang von Goethe, Werke. Dtv München 1998

II *Georg Trakl:*

Der Abend (1914/15)

Mit toten Heldengestalten
Erfüllst du Mond
Die schweigenden Wälder,
Sichelmond –
Mit der sanften Umarmung
Der Liebenden,
Den Schatten berühmter Zeiten
Die modernden Felsen rings;
So bläulich erstrahlt es
Gegen die Stadt hin,
Wo kalt und böse
Ein verwesendes Geschlecht wohnt,
Der weißen Enkel
Dunkle Zukunft bereitet.
Ihr mondverschlungnen Schatten
Aufseufzend im leeren Kristall
Des Bergsees.

Georg Trakl, Dichtungen und Briefe. Otto Müller Verlag, Salzburg 1987

In der **Gegenüberstellung** sollen im Folgenden die wichtigsten inhaltlichen, sprachlichen und formalen Aspekte untersucht werden. Auf die Untersuchung sprachlicher Gestaltungsmittel wie Syntax, Wortwahl und rhetorische Figuren wurde bereits in der Analyse des Gedichts „Weise des Dichters“ im vorigen Abschnitt eingegangen.

I: Goethe	II: Trakl
Basissatz/Deutungshypothese	**Basissatz/Deutungshypothese**
• Betrachtung des Nachthimmels durch das lyrische Ich, Anrede des Mondes • Bewegung der Wolken vor dem Mond wird parallel gesetzt mit den wechselnden Empfindungen in der Liebe: Nähe – Abwesenheit, Glückseligkeit – Schmerz.	• Betrachtung des Nachthimmels durch das lyrische Ich, Anrede des Mondes • Im Mondlicht über dem Wald erscheinen vergangene positive Erinnerungen wie Liebe und Heldentum, über der Stadt hingegen der zerstörerische Umgang des Menschen mit dem eigenen Geschlecht. • Schlusspunkt ist die beklagte Leere, gespiegelt im Bergsee
Strophen /Verse	**Strophen /Verse**
• drei Strophen à vier Versen • gleichmäßig lang	• eine Strophe ohne weitere Unterteilung • unterschiedlich lang, teils nur ein oder zwei Wörter
Reim/Klang	**Reim/Klang**
• regelmäßiger Kreuzreim **abab**, **cdcd**, **efef** • auffällig die Verteilung der Assonanzen: • Strophe 1: viele A-Laute (*verlassen, Warst … nah, Wolkenmassen, da*) → dunkler, tiefer Klang • Strophe 2: viele I-/Ü-Laute (*fühlst, betrübt, Blickt, mir, geliebt, Liebchen*) → klingend, süßer Schmerz • Strophe 3: viele E- und A-Laute (*hinan denn, hell, heller, Bahn, Pracht, Herz, schmerzlich, schneller, Überselig, Nacht*) → hell, freudig	• kein regelmäßiger Reim • einzige klangliche Verbindung: *Mond – Sichelmond – wohnt* → Aufrechterhalten des Mond-Kontextes

I: Goethe	II: Trakl
Metrum	**Metrum**
• Liedstrophe (Vgl. Volkslieder) • vierhebiger Trochäus • alternierend weibliche und männliche Kadenzen in den Strophen 1 und 3, nur männliche in Strophe 2 → Einfachheit, leichte Nachvollziehbarkeit, Authentizität der beschriebenen Gefühlslage	• kein erkennbares Metrum, nur natürlicher, lakonischer Sprechrhythmus • Enjambements hervorstechend (V.1/2/3, V.6/7, V.9/10, V.11/12, V.13/14, V.15/16/17) → Hinwegsetzen über tradierte Formvorgaben, einhergehend mit dem Verlust an sinngebender Orientierung
Wortwahl/Stil	**Wortwahl/Stil**
• Begriffe aus den Wortfeldern Natur/ Kosmos (*umfinstern, Wolkenmassen, Stern, Nacht*) in Verbindung mit Gefühlswelt: Traurigkeit/Liebe (*verlassen, betrübt, geliebt, Liebchen, Herz, schmerzlich, überselig*) → Antithetik der schönen mit den schmerzlichen Empfindungen in der Liebe parallel zur nächtlichen Naturerscheinung	• Antithetik: positive Erinnerungen und Erlebnisse (*Heldengestalten, Mit der sanften Umarmung/ Der Liebenden,/Den Schatten berühmter Zeiten*) gegenüber Vergänglichkeit und Tod (*toten, kalt und böse, verwesendes Geschlecht, Dunkle Zukunft, leeren*) • dabei Überlagerung der positiven Begriffe durch die negativen, Entwertung des Positiven → Düsternis und Niedergang als Vorzeichen für die menschliche Existenz
Bildlichkeit	**Bildlichkeit**
• Allegorie: Mond, an dem die Wolken vorbeiziehen, so dass er abwechselnd verdeckt und wieder erkennbar ist → Wechselspiel der Gefühle in der Liebe zwischen Annäherung und Entfernung • Symbol: Herz → Sitz der Emotionen • Symbol: Nacht → Dunkelheit, Hoffnungslosigkeit, hier aber im letzten Vers eher das Gegenteil: Tageszeit, zu der Empfindungen deutlicher hervortreten	• Symbol: Mond, der bläuliches Licht ausstrahlt → Kälte, Leblosigkeit • Farbsymbolik weiß: Unschuld der folgenden Generationen • Symbol Kristall: kalter Edelstein, Assoziation zur Kristallkugel in der Hellseherei → kalte, düstere Vorsehung

I: Goethe	II: Trakl
Vergleich	

Gemeinsamkeiten/Berührungspunkte

- Mondbetrachtung als Sinnbild für subjektives Erleben
- düsterer Grundton, dabei pathetisch
- starke Bildlichkeit und Symbolik aus dem Naturbereich

Unterschiede

- Themenwahl: bei Goethe Liebe, bei Trakl Vergänglichkeitsvision
- bei Goethe auf das lyrische Ich beschränkt, bei Trakl auf die gesamte Menschheit, bzw. die Gesellschaft seiner Zeit
- Form: geschlossene, regelmäßige Gestaltung bei Goethe, freie Gestaltung bei Trakl
- zeitgeschichtlicher bzw. epochentypischer Kontext:

→ Goethes Gedicht aus der Romantik → eher affirmativ, die Natur verehrend, Ergriffenheit angesichts der Naturbetrachtung

→ Trakls Gedicht aus dem Expressionismus → kritisch, Zerstörerisches/Zerstörung thematisierend und dabei selbst die Form durchbrechend, Pessimismus

Bei der Ausformulierung der Textbeschreibung muss genau wie bei der Beschreibung sprachlicher Gestaltungsmittel die **Wirkung in Hinsicht auf den Deutungsrahmen (Deutungshypothese)** dargestellt werden!

Abi Tipp

BEGEGNUNG MIT LYRIK

Gerade bei der Erstbegegnung mit einem Gedicht kommt es auf die eigene Empfindung an. Lesen Sie das Gedicht zunächst ohne Stift in der Hand, also ohne den analytischen Ansatz.
Entscheiden Sie: Spricht es Sie an? Oder verstört es Sie eher? Gerade auch im letzteren Fall sollten Sie nicht gleich weitergehen und eine andere Aufgabe auswählen. Besonders Gedichte, die unangenehm oder abstoßend wirken, erzeugen in uns die stärksten Emotionen. Aus diesen kann man mitunter bei der Analyse mehr schöpfen als bei den eingängigeren Texten.
Machen Sie sich zu Ihrer Empfindung unmittelbar danach eine Notiz (vgl. Deutungshypothese). Dies ist die Brille, durch die Sie den Text im Weiteren betrachten.
Dann können Sie mit der Textuntersuchung beginnen, aber Vorsicht: Seien Sie auch offen dafür, ihre zuvor gefasste Deutungsidee nötigenfalls zu revidieren, falls sich keine passenden Befunde bieten.

Rainer Maria Rilke

Das Karussell – Jardin du Luxembourg

Mit einem Dach und seinem Schatten dreht/sich eine kleine Weile der Bestand/von bunten Pferden, alle aus dem Land,/das lange zögert, eh es untergeht./Zwar manche sind an Wagen angespannt,/doch alle haben Mut in ihren Mienen;/ein böser Löwe geht mit ihnen/und dann und wann ein weißer Elefant.

Sogar ein Hirsch ist da, ganz wie im Wald,/nur daß er einen Sattel trägt und drüber/ein kleines blaues Mädchen aufgeschnallt./Und auf dem Löwen reitet weiß ein Junge/und hält sich mit der kleinen heißen Hand/dieweil der Löwe Zähne zeigt und Zunge.

Und dann und wann ein weißer Elefant.

Und auf den Pferden kommen sie vorüber,/auch Mädchen, helle, diesem Pferdesprunge/fast schon entwachsen; mitten in dem Schwunge/schauen sie auf, irgend wohin, herüber –

Und dann und wann ein weißer Elefant.

Und das geht hin und eilt sich, daß es endet,/und kreist und dreht sich nur und hat kein Ziel./Ein Rot, ein Grün, ein Grau vorbeigesendet,/ein kleines kaum begonnenes Profil –./Und manchesmal ein Lächeln, hergewendet,/ein seliges blendet und verschwendet/an dieses atemlose blinde Spiel ...

Rainer Maria Rilke: Sämtliche Werke. 6 Bände, Rilke-Archiv (Hg.), Bd. 1. Frankfurt a. M. 1955

ANALYSIEREN VON GEDICHTEN — Checkliste

Überprüfen Sie, ob Sie die folgenden Aspekte der Lyrikanalyse beherrschen:

- → Fassen Sie die Kernaussage des Gedichtes zusammen und finden Sie eine Deutungshypothese.
- → Geben Sie die Gestaltung der Strophen und Verse an.
- → Untersuchen Sie die Reimgestaltung.
- → Welches Metrum und welche Kadenzen liegen vor?
- → Benennen Sie Auffälligkeiten in der Wortwahl und im sprachlichen Stil.
- → Leiten Sie aus dem Zusammenhang zwischen formaler bzw. sprachlicher Gestaltung und Inhalt eine Aussageabsicht ab.

Analyse pragmatischer Texte/Sachtexte

Sachtexte zu verstehen ist eine Fähigkeit, die weit über den Deutschunterricht hinaus relevant ist und grundlegende Analyse- und Beurteilungskompetenzen erfordert.

Häufige Aufgabenformate

Je nach Thematik, Aufbau der Handlung und den eingesetzten Mitteln zur Erreichung der Wirkungsabsicht unterscheiden sich die bekanntesten Dramentypen.

- (a) Analyse eines Sachtextes
- (b) Analyse eines Sachtextes mit weiterführendem Schreibauftrag (häufig in NRW)
- (c) Vergleich eines Sachtextes mit einem literarischen Text
- (d) Vergleich zweier Sachtexte

Dabei geht es generell (a) um die Untersuchung der

- Bestimmung des Argumentationsansatzes (Makrostruktur der Texte: Aufbau der Argumentation, Reihenfolge der Thesen/Argumente)
- Bestimmung der Argumentationsstruktur (Mikrostruktur der Texte: formal-sprachlich-rhetorische Gestaltung, Untersuchung des Wortschatzes, des Satzbaus)
- Formulierung einer (abwägenden) Stellungnahme, bezogen auf die Ergebnisse der Analyse.

Besonderheiten zu (b)

- Analyse von Argumentationsansatz und Argumentationsstruktur (s. o.)
- ausgehend von den erzielten Ergebnissen Stellungnahme zu einer speziellen Fragestellung oder
- Formulierung des zweiten Aufgabenteils als Auftrag zu einer Erörterung oder zu einem Kommentar, bei dem die Argumentation des vorliegenden Textes zu berücksichtigen ist, die eigene Stellungnahme aber eine erweiterte Position darstellen soll. Diese Form ist die anspruchsvollste.

Besonderheiten zu (c)

- lineares Vorgehen ist anzuraten, um der Besonderheit der jeweiligen Textsorte Rechnung zu tragen

- Darstellung von Entstehungszeit, Publikationsort, historischem Hintergrund, Leserschaft
- Realitätsgehalt der dargestellten Wirklichkeit prüfen
- Wirkungsabsicht und Wirkung der Texte (Unterschiede in der Wirkungsweise von sachlichem und poetischem Stil beachten) untersuchen

Besonderheiten zu (d)

- Bei sehr ungleichartigen Texten empfiehlt sich eine lineare Vorgehensweise, d. h. jeweils die Analyse beider Texte getrennt voneinander, dann der Vergleich; bei ähnlichen Texten hinsichtlich der Vergleichskriterien bietet sich eine aspektorientierte, abschnittsweise Vorgehensweise an, ein direkter Vergleich.
- An die Stelle der eigenen Stellungnahme tritt der direkte Vergleich unter folgenden Aspekten:

→ Einbeziehen des jeweiligen Kontextes (Entstehungszeit und Entstehungsbedingungen der Texte)
→ spezifische Leistungen des einen Textes (Fragestellung, Problemaufriss, Überzeugung des Argumentationsansatzes und der Argumentationsstruktur, sprachlich-rhetorische Gestaltung, eher informierend oder eher appellativ)
→ Vergleich der o. g. Kriterien und Intentionen

Überblick über die wichtigsten Typen von abiturrelevanten pragmatischen Texten/Sachtexten

Typ des Sachtextes	Textsorte
informativ: sachliche Darstellung von Sachverhalten und Vorgängen	Protokoll, Nachricht, Referat, Vortrag, Bericht, Reportage ...
normativ: Texte, die Definitionen, Regeln, Vorgaben mit verbindlicher Bedeutung für den Adressaten enthalten	Gesetzestexte, Vertrag, Gebrauchsanweisungen, Packungsbeilagen, Handlungsanweisungen wie etwa Spielanleitungen
argumentativ: Texte, die ihre Adressaten von einer Position überzeugen wollen	Kommentare, Rezensionen, wirtschaftliche Analysen, Erörterungen, Abhandlungen, Essays
appellativ: (fließender Übergang zu argumentativen Textsorten) Versuch der direkten Beeinflussung des Adressaten, Versuch, ihn zu einer Meinungs- bzw. Verhaltensänderung zu bewegen	Leserbriefe, Petitionen, Werbung, Politikerreden, Flugblätter

Textsorte	Erläuterung
Abhandlung	(populär-)wissenschaftliche Auseinandersetzung mit einem literaturwissenschaftlichen, historischen oder soziologischen Problem
Essay	kürzere Abhandlung zu einem allgemeinen gesellschaftswissenschaftlichen Thema in sehr individueller, geistreicher Weise; von daher nicht unbedingt stringent in der Argumentation, aber pointiert
Flugblatt	direkter Versuch der politischen Einflussnahme; historisch häufig unter erschwerten politischen Bedingungen (Zensur, Verfolgung) → sprachlich, rhetorisch und inhaltlich dicht
Glosse	satirisch witzige oder spöttische Auseinandersetzung mit einem aktuellen gesellschaftspolitischen oder kulturellen Thema
Kommentar	meinungsbildende, argumentativ analytische Auseinandersetzung mit einem aktuellen gesellschaftlichen, politischen oder kulturellen Thema
Leserbrief	subjektive Meinungsäußerung in Medien zu allen möglichen relevanten gesellschaftspolitischen Themen; von sachlich bis zugespitzt polemisch
Rede	ursprünglichste Form der rhetorischen Einflussnahme, entstanden aus der antiken juristischen Rede mit klarem Aufbau; zu allen erdenklichen gesellschaftlichen und politischen Aspekten; vor allem Politikerreden, Wahlkampfreden
Rezension/ Kritik	subjektive kritische oder affirmative Auseinandersetzung mit einem kulturellen Phänomen, wie z. B. Literaturkritik, Opernkritik, Ausstellungskritik, Filmkritik

Typen von Argumenten

Im Zentrum von pragmatischen Texten/Sachtexten stehen die Argumente. Sie sollen umstrittene **Behauptungen (These und Antithese)** stützen. Begleitet werden sie von Beispielen und Belegen, die anschaulich und nachvollziehbar sein sollten. An der Qualität der Argumentation muss sich ein Sachtext messen lassen.

Es gibt verschiedene Typen von Argumenten, z. B.

Typ des Arguments	Beispielsatz
Deskriptives Argument: Es beschreibt Tatsachen, ist überprüfbar bzw. widerlegbar.	Nicht nur Jugendliche, sondern auch Erwachsene haben Schwierigkeiten mit der Groß- und Kleinschreibung.
Präskriptives bzw. normatives Argument: Es wertet, will vorschreiben.	Wir sollten die geltende Groß- und Kleinschreibung nicht aufgeben, da sie einzigartig ist.
Indirektes Argument: Es verweist auf die innere Widersprüchlichkeit der Gegenposition.	Viele, die fanatisch für die geltenden Regeln eintreten, beherrschen sie nicht.
Autoritätsargument: Es beruft sich auf die Aussage einer bekannten Persönlichkeit, eines renommierten Instituts, eine bekannte Statistik o. ä.	Hans Habe, der bekannte konservative Journalist, meinte zu Recht, dass eine Reform der Groß- und Kleinschreibung letztlich den Analphabetismus fördere.
Analogisierendes Argument: Aus einem anderen Bereich als dem strittigen wird ein Sachverhalt auf das diskutierte Problem übertragen.	Wenn man Kindern keine Grenzen setzt, verwildern sie. Genauso ist es mit der Sprache.
Pauschalisierendes Argument: Es verallgemeinert Beispiele.	Alle Rechtschreibreformer sind linke Spinner.
Ideologisches Argument: Einzelinteressen werden unter Berufung auf Allgemeines (z. B. die Natur, gesellschaftliche Zwänge, das Allgemeinwohl) verschleiert.	Es ist doch nur natürlich, wenn man möchte, dass alles beim Alten bleibt.
Diffamierendes Argument: Die Vertreter der Gegenposition werden verunglimpft.	Wer die Groß- und Kleinschreibung abschaffen will, der ist doch nur zu faul, die Regeln zu lernen.

Abi Tipp

ÜBERZEUGUNGSKRAFT VON ARGUMENTEN

Gehen Sie die obigen Typen von Argumenten gründlich durch und beurteilen Sie jedes danach, wie überzeugend es auf Sie wirkt: Überlegen Sie dabei, ob es sachlich und seriös ist, und vor allem, wie leicht oder schwer es zu entkräften ist. Streichen Sie anschließend die wenig überzeugenden Beispiele von Ihrer inneren Liste.

Vorgehensweise bei der Analyse eines Sachtextes

Leseverständnis, Vorarbeit der Analyse	• Operatoren der Aufgabenstellung klären: Was genau soll ich tun? • Thema/Problemstellung klären: Worum geht es? Wovon handelt der Text? → Überschrift und Lead untersuchen • Bestimmung der Textsorte → gibt Hinweise auf Art der Argumentation, Intention des Autors • Quelle → Hinweise auf Seriosität des Textes, mögliche politische Ausrichtung, auf Leserschaft und deren Vorwissen • Gliederung des Textes vornehmen bzw. vorgegebene Gliederung untersuchen • Thema/zentrale Aussagen der einzelnen Abschnitte am Rand festhalten • Schlüsselbegriffe markieren
A Einleitung	• Einleitungssatz: Autor, Titel, Textsorte, Quelle, Erscheinungsdatum, mögliche Leserschaft, Zusatzinformationen aufgrund von domänenspezifischem Wissen, Aktualität des Themas etc. • Themenstellung wiederholen und Hauptaussage(n)/These(n) (ggfs. schon im Titel/in der Überschrift, im Lead bzw. mithilfe der Schlüsselbegriffe erkennbar) ausformulieren • Position des Autors kennzeichnen und benennen (am Schluss genauer darauf eingehen) • Intention des Autors (abhängig von der Brisanz des Themas, der Textsorte, der Leserschaft) darstellen: Informieren? Wecken von Problembewusstsein? Von einer Meinung überzeugen? Direkte Beeinflussung? Aufstellen von Forderungen?
B Analyse der Makrostuktur (Aufbau des Textes und der Argumentationsstruktur)	• Gliederung des Textes in größere Abschnitte und Benennen von deren Funktion • Inhalt mit Schlüsselbegriffen wiedergeben (Zeilenangaben) • Argumentationsverlauf: Anordnung, Reihenfolge und Gliederung der Thesen und Argumente

C Analyse der Mikrostruktur (formale, sprachliche und rhetorische Besonderheiten der einzelnen Abschnitte des Textes)	• Argumentationsstruktur: Welche Argumentationstypen, welche Manipulationstechniken? Welche Intention? • Untersuchung des Satzbaus • Untersuchung des Wortschatzes (→ Bezug zum Thema, Wortfelder, Fachvokabular, Wertungen, mögliche Leserschaft?) • Untersuchung der sprachlich-rhetorischen Mittel sowie ihrer Wirkung (→ Textsorte, Ziel des Textes, Leserschaft?) • Zitate: Werden welche benutzt? Aus welchem Bereich? Wie werden sie eingesetzt?
D Eigene Stellungnahme	• allgemein: Stellung nehmen zu Inhalt und Art der Argumentation, Abwägen, ggfs. mit eigenen Argumenten ergänzen • Stringenz/Kohärenz der Argumentationsweise darstellen: Ist der Text in sich stimmig, ohne Widersprüche? Passen Argumente, Beispiele, Belege zusammen? • Ist die Position nachvollziehbar? • Hat der Autor seine Intention erreicht?

Formulierungshilfen	
Verknüpfungswörter	auch, außerdem, ferner, darüber hinaus, überdies, zusätzlich, weiterhin, daneben, ebenso, schließlich, zum Schluss …
Ausdrücke, die eine Reihenfolge verdeutlichen	zunächst, des Weiteren, (aber) besonders, umso wichtiger ist …, ausschlaggebend ist …, noch überzeugender scheint …, nicht nur …, sondern auch, sowohl … als auch …, neben … .gilt …, einerseits … andrerseits …, auf der einen Seite … auf der anderen Seite, … sowie …
Vergleich Gegenüberstellungen	• im Gegensatz dazu …, aber, jedoch, allerdings, trotzdem, obgleich/obwohl, ganz anders verhält es sich bei …, keineswegs gilt (nur) …, vielmehr, hingegen, zieht man … in Betracht, dann …, zwar … aber …, insofern, nur dass … • Daneben steht …, ist zu sehen/zu bedenken … • Im Vergleich von x mit y zeigt sich, dass … • Die vergleichende Betrachtung …

Formulierungshilfen	
Vergleich Gegenüberstellungen (2)	• Der Vergleich zeigt, dass/wie ... • Vergleicht/betrachtet/sieht man x und y ... • Dem steht gegenüber, dass ... • Hier kommt hinzu .../ist außerdem zu bedenken .../in Betracht zu ziehen ...
Abwägung (am Schluss)	• führt man sich abschließend vor Augen, dass ..., betrachtet man ..., stellt man ... gegenüber, so ..., die Argumentation zeigt/weist auf, dass ...
Schlussfolgerung	• folglich ..., als Konsequenz ergibt sich ..., dass ..., demzufolge, das hat zur Folge ...
eigene Bewertung von Textaussagen	• Der Text/die These/das Argument/das Beispiel/die Position ... erscheint mir unschlüssig/unstimmig/inkonsequent/nur auf den ersten Blick sinnvoll ..., weil/da/insoweit als/wenn/solange ... • Insbesondere ... ist wenig überzeugend, dass. ... • Gesehen werden muss jedoch, dass ... • ... legt die Frage nahe/weist auf den ungeklärten Punkt hin, ob ... • ... erweckt den Eindruck/evoziert/impliziert/bleibt fraglich/lässt offen ...
Behauptung, Meinung, Urteil	• Ich vertrete die Auffassung/These, dass ... • Ich bin der Meinung ... • Meiner Ansicht nach ... • Meines Erachtens ... • Nach meinem Dafürhalten ... • Ich halte (es) für richtig/wahr, dass ... • Meine Position zu der Frage/in diesem Streitpunkt ist ... Ich nehme an/behaupte, dass ...
Begründung	• daher, infolgedessen, dadurch, aus diesem Grund, wegen, dank, aufgrund • Daraus ergibt sich, dass ... • Hieraus folgt, dass ... • Die Begründung dafür ist/lautet ... • Dafür spricht Folgendes ... • Folgende Gründe zeigen, dass ... • Das lässt sich mit dem Argument ... untermauern

Formulierungshilfen	
Einwand/ Einschränkung	• dagegen, einerseits … andererseits, allerdings • Dem steht entgegen … • Einzuwenden ist hier … • Dem ist entgegenzuhalten … • Im Gegensatz dazu steht … • Einschränkend muss/kann gesagt werden … • Zu berücksichtigen ist jedoch auch … • Dies trifft nur bedingt zu, denn …

Abi Tipp

Denken Sie daran, dass die Analyse eines pragmatischen Textes sachlich bleibt, d.h., ob Ihnen die Entfaltung eines Themas gefällt oder nicht, ob Sie der Position eines Autors zustimmen oder nicht: In der Analyse des Textes haben persönliche Werturteile nichts zu suchen! In Ihrer anschließenden Stellungnahme haben Sie die Gelegenheit, begründet zum Inhalt und der Form/der Argumentationsweise ein Urteil zu fällen.

ANALYSE PRAGMATISCHER TEXTE/SACHTEXTE Checkliste

Pragmatische Texte/Sachtexte zu analysieren kann gut geübt werden. Wichtig ist:

→ die Beachtung der Aufgabenstellung,
→ die Kenntnis von Testsorten und deren Kennzeichen.
→ Pragmatische Texte/Sachtexte sind sehr häufig argumentierende Texte. Kennen Sie die wichtigsten Typen von Argumenten?
→ Haben Sie sich die Arbeitsschritte zur Analyse solcher Text vergegenwärtigt?
→ Die eigene Stellungnahme muss immer an den Gegebenheiten des zu bearbeitenden Textes orientiert bleiben.
→ Nutzen Sie die Möglichkeit, sich Formulierungen einzuprägen, die Ihnen bei der Bearbeitung helfen können.

Gestaltendes Schreiben

ZENTRALE BEGRIFFE

Gestaltendes Schreiben liegt immer dann vor, wenn **über die reine Sach- bzw. Argumentationsebene hinaus eigene Gestaltungen am Text** vorgenommen werden, die eine auch **ästhetische Wirkung** erzielen sollen.
Dabei kommt also **Kreativität** zum Einsatz, etwa in der Wahl der Gedankenführung, der Wahl der Perspektive, der rhetorischen Gestaltung, des sprachlichen Stilniveaus, der Haltung zum Adressaten etc.
Auch kreatives Schreiben folgt, unabhängig von der Bewertbarkeit von Kunst und Geschmack, **objektivierbaren Kriterien**. Eine Bewertung – in Bezug auf diese Kriterien – ist daher möglich.

Allgemeine Kriterien des gestaltenden Schreibens

- Erkennbare und sachlich fundierte **Bezugnahme auf den Ausgangstext (Adäquanz)** durch Verweise, Anspielungen, Zitate. Diese müssen schlüssig in den eigenen Textfluss integriert werden.
- **Innere Stimmigkeit** des gestaltenden Textes **(Kohärenz)**, d. h. der eigene Text bildet ein organisches Ganzes.
- **Stilistische Angemessenheit** durch bewusste und an den Vorlagetext angepasste Wahl des Vokabulars, des Satzbaus, der Argumentation etc.
- **Literaturgeschichtliche und gattungsbezogene Stimmigkeit**, d. h. Wertvorstellungen, Weltbild und Ästhetik des Vorlagetextes müssen in den eigenen Text überführt werden.
- Bemühen um Lebendigkeit und **Kreativität**: eigener Einfallsreichtum, mit dem man einen Text verfasst, der zum Lesen verleitet

Je nach Bundesland ist gestaltendes Schreiben entweder nur Teil einer größeren, z. B. analysierenden Aufgabenstellung oder aber eine eigene Aufsatzform. Unterschieden wird dabei zwischen dem gestaltenden Erschließen literarischer Texte sowie dem Erschließen pragmatischer Texte (Sachtexte).

Allen unterschiedlichen Schwerpunktsetzungen dieser Aufgabenform gemeinsam sind Kriterien, die bei der Ausarbeitung umzusetzen sind und die den Aufsatz qualitativ bewertbar machen.

Gestaltendes Erschließen literarischer Texte

Grundvoraussetzung für eine gelungene eigene Gestaltung ist, dass man den zugrundeliegenden literarischen Text inhaltlich, epochen- bzw. zeittypisch, gattungstypisch und hinsichtlich seiner Intention erfasst hat.

Erfassen der Aufgabenstellung
Mögliche Formen, einen literarischen Text gestaltend zu erschließen sind: Tagebucheintrag, Gegentext, Fortsetzung, Wechsel in die Perspektive einer anderen Figur, Brief etc.

Um diese Schreibaufträge adäquat umzusetzen, sind vorbereitend wesentliche Grundgegebenheiten zu klären:

- In welcher Situation und Stimmung befindet sich die Figur, aus deren Sicht geschrieben werden soll?
- An wen soll sich der Text richten?
- Welche Wirkung soll beim Adressaten erzielt werden? In welchem Verhältnis stehen Erzähler/Verfasser und Adressat zueinander?
- Welcher Konflikt soll angesprochen werden? In welche Richtung könnte dieser sich weiterentwickeln?
- Welche Argumente sind für die betreffende Figur aus dem bisherigen Textverlauf relevant? Mit welchen Gegenpositionen wird zu rechnen sein?
- Welche sprachlichen Gestaltungsmittel werden im Vorlagetext verwendet, um den dort gezeigten Konflikt zum Ausdruck zu bringen?

Verfassen des gestaltenden Textes
Ausgehend von den oben genannten allgemeinen Kriterien sollte eine gelungene literarische Erschließung folgende Aspekte aufweisen:

- Regelmäßige Anknüpfungen an die Handlung des Vorlagetextes, die erkennen lassen, dass dieser erfasst wurde und ein schlüssiger Fortlauf gegeben ist, sind nötig.
- Gedanken, die die betreffende Figur nun äußert, lassen ihren Charakter und ihre Denkweise erkennen.
- Die Gegenposition, also die andere Konfliktpartei im Text, kommt deutlich zur Geltung, damit die weitere Entwicklung des Konflikts nahvollziehbar ist.
- In den geäußerten Werthaltungen ist das Normengefüge der Zeit erkennbar, aus der der Vorlagetext stammt.

- Auch sprachlich muss der Fluss kontinuierlich erfolgen, d.h. Wortwahl, Stil, Syntax dürfen sich nicht erkennbar verändern.
- Die zugrunde gelegte Textsorte muss deutlich hervortreten.
- Die kreative Gestaltung muss darum bemüht sein, einen Text zu erzeugen, den man gerne bzw. interessiert liest

Aufgabenbeispiel

Setzen Sie Franz Biberkopfs erste Momente in der wiedererlangten Freiheit fort. Zeigen Sie dabei, in welchen Konflikten er sich befindet. (Textgrundlage: Alfred Döblin, Berlin Alexanderplatz, siehe Kapitel „Epik Analysieren")

Eine gestaltende Ausarbeitung könnte auszugsweise so erfolgen:

„Weiter hinein. Kopf nach vorn und durch. (Franze, aber nich wieda mit'm Kopp durch die Wand. Diesmal ehrlich) Er richtete sich auf und ging also weiter, entlang der Fassadenfront. Noch eine Kneipe, ein Speiselokal, drinnen lachten Münder und aufgerissene Augen. Es dämmerte langsam und die Gaslaternen wurden von den Männern der Stadtwerke angezündet. Eine Elektrische donnerte nah an ihm vorbei, die waren doch früher nicht so laut. Er spürte seinen Hunger, das Mittagessen in der Kantine war Stunden her. Immer der gleiche Ablauf, immer der gleiche Fraß: Blechnapf übern Tresen, Rübeneintopf mit der Kelle reingeklatscht, Kanten Brot dazu. Wasser in den Becher, wehe der war nach dem Frühstück nicht saubergemacht, dann gab's nichts. Warten bis zum Abendessen. Gut, bald Abendessen ...
Aber nix, kein Abendessen in der Freiheit. Freiheit, hatte der Wärter gesagt, Franze, freuste dir? Mach wat draus, komm nich wieda! Wohin aber, wenn nicht wieder zurück, das wusste er nicht. Wieder Geschäfte, Jacken, Hosen, Hemden, Schuhe, Mäntel mit Pelzkragen, mit silbernen Knöpfen, mit Hornknöpfen, mit schwarzen Knöpfen. (Wat soll ich mit Knöppen! Ick hab nüscht zu fressen, soll ick Knöppe fressen!)
Da kam ein Kiosk mit Auslage draußen: Zeitungen, Illustrierte, Limonade, Bierflaschen. Mensch, so ein Bier, das macht wohl und warm. Er stand vor dem Laden, sah den Verkäufer hinter der Theke drinnen, alles verqualmt von den Gästen, die tranken und rauchten. Der Verkäufer bückte sich kurz runter. Hatte er ihn schon gesehen? Franz drehte sein Gesicht weg, später nicht wiedererkannt werden. Nur ein Griff jetzt, das würde helfen, geht ganz schnell. (Franze, diesmal ehrlich!)"

Gestaltendes Erschließen von Sachtexten

Beim Umgang mit Sachtexten erfolgen, was die Analyse betrifft, weitgehend die gleichen Denkvorgänge wie bei den literarischen Texten. Die Abfassung des eigenen gestaltenden Textes hingegen betont den argumentativen Charakter von pragmatischen Texten. Es geht also darum, sich zu positionieren, seine Haltung darzulegen und im Idealfall den Adressaten in dessen Meinungsbildung zu beeinflussen.

Erfassen der Aufgabenstellung
Im Bereich des pragmatischen oder persuasiven (überzeugenden) Schreibens zielen die Aufgabenstellungen häufig auf den Essay, Kommentar, Leserbrief, Debattenbeitrag, Brief oder die Rede.

Um sich sachgerecht mit dem angesprochenen Thema auseinandersetzen zu können, ist die fundierte Erfassung des Vorlagetextes nötig:
- Klärung der vorliegenden Textsorte
- Thema, Inhalt und Argumentationsverlauf des Ausgangstextes
- Wirkungsabsicht/Intention
- Anders als Erörterungen haben v.a. journalistische Texte eigene, nicht immer stringent antithetische Argumentationsverläufe.
  Leserbrief: v.a. linear (Gegenposition kommt aus Gründen der Platzknappheit nur schwach oder gar nicht zur Sprache.);
  Kommentar: u.a. elliptisch (Um das Thema im Zentrum bewegt sich die Gedankenführung, mal deutlicher am Zentrum mal weiter davon entfernt, wie eine elliptische Umlaufbahn.);
  Essay: v.a. in Exkursen (Der rote Faden kann durch eingestreute Anekdoten, Seitengeschichten, Gedankenspiele, Analogien etc. stellenweise durchaus ganz in den Hintergrund treten, wird aber immer wieder aufgegriffen. Vor allem zum Schluss werden alle Erzählfäden zu einer Gesamtposition zusammengeführt.)
- zur Verstärkung der Wirkung verwendete sprachliche Gestaltungsmittel

Verfassen des gestaltenden Textes
Der eigene Schreibvorgang sollte folgende Bestandteile aufweisen:
- Benennen/Aufgreifen der Gesamtaussage des Ausgangstextes
- davon ausgehend Formulieren einer eigenen (in Texten wie Kommentar oder Essay durchaus subjektiven) Position
- Darlegung der eigenen Argumentation mit regelmäßiger Bezugnahme auf den Vorlagetext; dessen Argumente können dabei einbezogen oder entkräftet werden

- grundsätzlich aber eigenes Generieren von Argumenten und einer eigenen Haltung
- rhetorische Gestaltung, die sich an den Merkmalen der verlangten Textsorte orientiert

Da das gestaltende Schreiben zu Sachtexten Überschneidungen mit den Aufgabenformen „Sachtextanalyse“ sowie „Materialgestütztes Schreiben“ aufweist, berücksichtigen Sie bitte auch diese Kapitel.

Abi Tipp

ÜBERZEUGUNGSKRAFT VON ARGUMENTEN

In Textsorten, die neben dem argumentativen bzw. persuasiven Anspruch auch einen ästhetischen bzw. unterhaltenden haben, ist u. a. der Einsatz von sprachlichen Gestaltungsmitteln erforderlich. Diese sollen den Text in seinem originellen Charakter so unterstützen, dass man ihn interessiert liest.
Immer wieder ist dabei aber zu beobachten, dass Schülerinnen oder Schüler z. B. in einem Kommentar oder einer Glosse übertrieben polemisch oder salopp vorgehen. Jeder Satz enthält dann eine Ironie, einen Sarkasmus oder Formulierungen aus dem Jargon. Wenn dahinter auch noch der eigentliche Gedankengang des Textes verschwindet, ist eigentlich keine angemessene Leistung erbracht: Form trägt Inhalt, ersetzt diesen aber nicht!

GESTALTENDES SCHREIBEN — Checkliste

Machen Sie sich die Besonderheit des gestaltenden Schreibens klar, indem Sie die Bedeutung folgender Stichworte für sich klären:

→ Adäquanz
→ Kohärenz
→ Stilistische Angemessenheit
→ Literaturgeschichte/Gattungsbezug
→ Kreativität

ERÖRTERN/ ARGUMENTIEREN

Grundsätzliches

ZENTRALE BEGRIFFE

Das Erörtern ist ein **Denk-, Rede- und Schreibvorgang**, der **Positionen** untersucht, gegeneinander abwägt, vor allem aber so **darlegt**, dass es im Idealfall zur **Meinungsbildung** des Adressaten beiträgt.

Erörtern kann somit synonym mit **Argumentieren** verstanden werden, wobei im Schulaufsatz die Erörterung eine konkrete Unterform des Vorgangs Argumentieren ist. Auch das mündliche **Debattieren** in der Schule zählt hierzu.

Die eigene bzw. die zu vertretende Position schlägt sich beim Erörtern in der **These** nieder, die davon abweichende Position in der **Gegenthese**.

Im Bereich des Argumentierens können demnach auch andere Textsorten verlangt werden, wie Essay, Kommentar, Leserbrief, Stellungnahme, Statement, Rede etc.

Während die Erörterung sich an einen stringenten Aufbau der Argumente hält, sind die anderen (häufig journalistischen) Textformen hier freier. Während die **Erörterung um strikte Sachlichkeit** bemüht ist, gehen **journalistische meinungsbildende Texte auch subjektiv und wertend** vor.

Formen des Argumentierens

Am Operator können Sie erkennen, welche Struktur und welchen Umfang Ihr Aufsatz haben soll, bzw. welche Intention er vorrangig verfolgen soll.

„Erörtern Sie“ oder „Diskutieren Sie“ deuten dabei auf einen umfangreicheren Aufsatz hin als etwa „Nehmen Sie Stellung zu ...“. Die folgende Tabelle gibt Ihnen einen Überblick über verschiedene Operatoren und damit verbundene Textarten.

Klassisches Erörtern

Formen	Operatoren
• Problemerörterung • Erörterung im Anschluss an einen Text • literarische Erörterung • Texterörterung	→ „Erörtern Sie …“ → „Diskutieren Sie …“ → „Beurteilen Sie …“ → „Überprüfen Sie …“ → „Legen Sie dar …“

Freiere und journalistische Formen des Argumentierens

Textsorten	Operatoren
• Stellungnahme • Statement • Leserbrief • Kommentar • Essay/Glosse	→ „Nehmen Sie Stellung zu …“ → „Bewerten Sie …“, → „Geben Sie ein Statement … ab“ → Schreiben Sie einen Leserbrief → „Verfassen Sie einen Kommentar“, „Kommentieren Sie …“ → „Verfassen Sie einen Essay/eine Glosse …“

Wege der Gedankenführung

Grundsätzlich lassen sich, unabhängig von der Textsorte im Aufsatz, zwei Arten unterscheiden, die eigenen Argumente anzuordnen: **linear und antithetisch**.

Eine lineare Darstellung führt Argumente bzw. Aspekte lediglich einer Position auf (Operatoren, z. B.: „Legen Sie dar, dass/inwiefern …“, „Weisen Sie nach, dass …“).

Die antithetische Vorgehensweise bezieht die Gegenposition mit ein.

Abi Tipp

DAS „ZWAR-ABER-PRINZIP“

Außer bei explizit linear angelegten Aufgabenstellungen (s. o.) ist es grundsätzlich empfehlenswert, Ihre Argumentation antithetisch aufzubauen, d. h. Aspekte der Gegenposition zur Sprache zu bringen.

Dies schmälert nicht die Überzeugungskraft Ihrer Darstellung, sondern erhöht sie, da der Adressat sich mithilfe der Gegenargumente selbst ein fundierteres Bild vom Sachverhalt machen kann. Zudem können Sie somit mögliche Gegenpositionen selbst entkräften und haben damit den Meinungsbildungsprozess besser unter Kontrolle.

Finden der eigenen Position

Folgende Schritte verhelfen zu einer sachgerechten Auseinandersetzung mit dem Problemgehalt des Themas und zur Vorbereitung einer stimmigen Gedankenführung.

Abi Tipp

Grundsätzlich ist es ein sehr geschicktes Vorgehen, entweder bereits in der Einleitung oder zu Beginn des Hauptteils eine Begriffsklärung vorzunehmen. Der im Mittelpunkt stehende Begriff wird dabei in verschiedene Bedeutungsanteile untergliedert und anschließend auf die Themafrage hin definiert. So kann ein inhaltliches Abgleiten, das Verlieren des roten Fadens, vermieden werden.

Gedankliche Vorarbeiten

Das Problem erfassen

Es ist zu klären, welche Frage der Text bzw. die Aufgabenstellung in den Mittelpunkt stellen. Dabei helfen einige Leitfragen:

- Welches ist der genaue Konfliktpunkt?
- Wer ist in welcher Form beteiligt?
- Wer ist in welcher Weise betroffen? Welche Auswirkungen hat der Konflikt für die Beteiligten?
- Welche Auswirkungen hätten bestimmte Eingriffe? In welche Richtung verschöbe sich das Gesamtgefüge bei Veränderung bestimmter Parameter?

Begriffe klären

Da Streitfragen sich häufig an einer auch begrifflich unterschiedlichen Auffassung der Betroffenen entzünden, ist es notwendig, tragende Begriffe zunächst zu klären. Geht es z. B. im Zusammenhang mit der modernen Berufswelt um „Arbeit“, lassen sich diese Wege der Begriffsklärung unterscheiden:

- Nominaldefinition: Definition des Begriffs „Arbeit“ an sich, also z. B. als „Erbringen einer Leistung“
- Realdefinition: Abgrenzung von unterschiedlichen Konnotationen oder Bestandteilen des Wortfeldes „Arbeit“, nämlich z. B.: Mühe, Anstrengung, Beruf, Arbeitsstelle, Quantum der Leistung

Finden von Argumenten
Je nachdem, ob man textbezogen, materialgestützt oder frei argumentieren soll, lassen sich Argumente in unterschiedlichem Umfang schon aus den beigegebenen Texten entnehmen. Allerdings liegt das Hauptgewicht der Bewertung Ihres Aufsatzes immer auf der gedanklichen Eigenleistung, d. h. auf den Aspekten, die Sie selbst beisteuern.

Diese können Sie in unterschiedlicher Weise generieren:

- Brainstorming: ungeordnetes Aufzeichnen aller Aspekte, die Ihnen spontan zum Thema einfallen; eine differenzierte Sichtung und Umstrukturierung sind dann aber nötig!
- W-Fragen: fragengeleitetes Erschließen des Themas, z. B.: Welche Ursachen ...? Welche Folgen ...? Welcher Verlauf ...? Welche Möglichkeiten ...?
- Cluster: Den Schlüsselbegriffen des Themas werden verwandte Begriffe, Meinungen und Beispiele zugeordnet; dadurch entsteht eine strukturierte Skizze.
- Mindmap: als Skizze visualisierte Anordnung von Oberbegriffen und Unterhierarchien; Vorteil: Querverweise möglich

Eigene Position finden
In den seltensten Fällen kann man eine Problemfrage mit „Ja/Nein“ oder „Dafür/Dagegen“ behandeln. Komplexe Sachverhalte lassen auch nur differenzierte Herangehensweisen zu. Daher wird die eigene Positionierung immer eine Art Kompromiss oder Teillösung sein, die zum Abschluss des abwägenden Teils formuliert wird.

Abi Tipp

Ein besonders hilfreiches Verfahren zum Sammeln und Aufbauen von Argumenten ist die Mindmap: Sie zwingt bereits bei der Erstellung zur Unterscheidung von Ober- und Unterpunkten. Außerdem kann man auf diese Weise leichter inhaltliche Überschneidungen, also folglich Redundanzen, erkennen. Am Ende steht im Idealfall eine übersichtliche und differenzierte Stoffsammlung.

Erörtern

Das „klassische" Erörtern erfolgt in der Regel ausgehend von einem Zitat oder einem Text. Im letzteren Fall kann es von der Aufgabenstellung verlangt sein, die Position des Vorlagetextes und seine Gedankenführung herauszuarbeiten, um daran die eigene Erörterung anzuschließen. Diese kann ihrerseits unterschiedlichen Anordnungen folgen.

Gliederungsmodelle – linear, antithetisch, dialektisch

Lineares Erörtern

Diese Form wird auch steigende Erörterung genannt, weil die Argumente vom schwächsten bis zum stärksten ansteigend angeordnet sind.

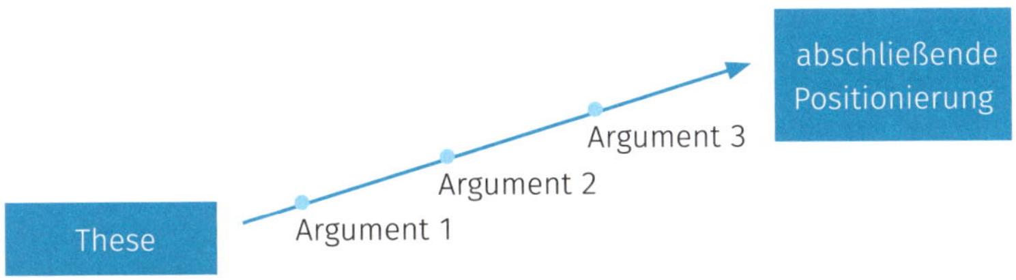

Antithetisches Vorgehen

Bei diesem Verfahren werden Argumente und Gegenargumente nacheinander ausgeführt. Dabei erscheinen zunächst die Argumente der Position, die man selbst nicht vertritt, in fallender Anordnung, d. h. zuerst das stärkste, zuletzt das schwächste. Anschließend erscheint die Position, die man selbst vertritt, in steigender Weise.

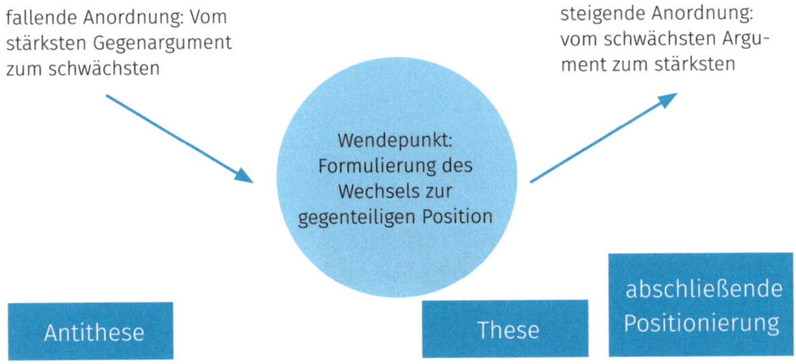

Aus der antithetischen Anordnung ergibt sich folgende Form der Gliederung:

A. Einleitung
B. Hauptteil
  I. Antithese (nicht vertretene Position)
    1. Argument (stärkstes)
    2. Argument
    3. Argument (schwächstes)
  II. These (vertretene Position)
    1. Argument (schwächstes)
    2. Argument
    3. Argument
    4. Argument (stärkstes)
  III. Fazit/Synthese, (abschließende Positionierung: Begründung, weshalb die letztere Position die zu vertretende ist)
C. Schluss

Dialektisches Prinzip
Diese Anordnung betont durch die direkte Gegenüberstellung von Argument und Gegenargument in dialogischer Weise den Diskussionscharakter der Erörterung.

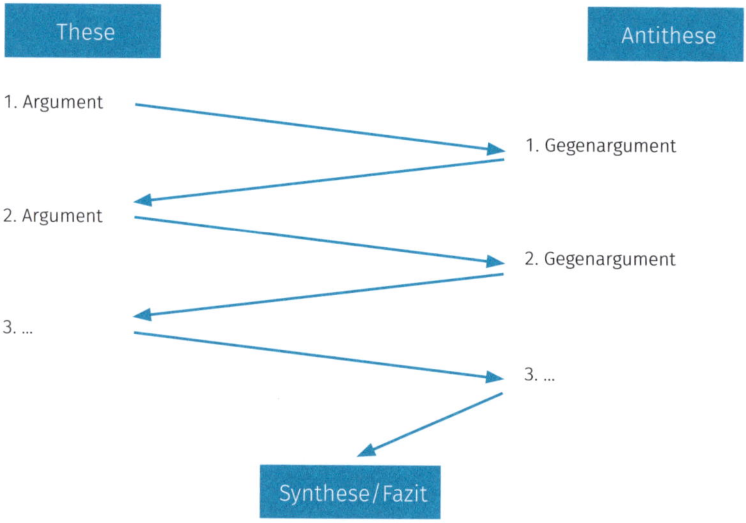

Die Gliederung dieser dialektischen Erörterung gestaltet sich entsprechend so:

A. Einleitung
B. Hauptteil
 I. (1. Inhaltlicher Aspekt)
  1. Argument 1
  2. Gegenargument 1
 II. (2. Inhaltlicher Aspekt)
  1. Argument 2
  2. Gegenargument 2
 III. (3. ...)
 IV. Synthese
C. Schluss

Achtung: Dieses Vorgehen erfordert großes schriftliches Ausdrucksvermögen! Es besteht hier besonders die Gefahr, dass Argument und Gegenargument sich gegenseitig aufheben bzw. entwerten, wenn sie nicht differenziert voneinander abgegrenzt werden.

Überzeugendes Argumentieren

Damit das einzelne Argument (und damit die Gesamtdarstellung) schlüssig und überzeugend ist, sollte es möglichst immer folgende Bestandteile aufweisen:

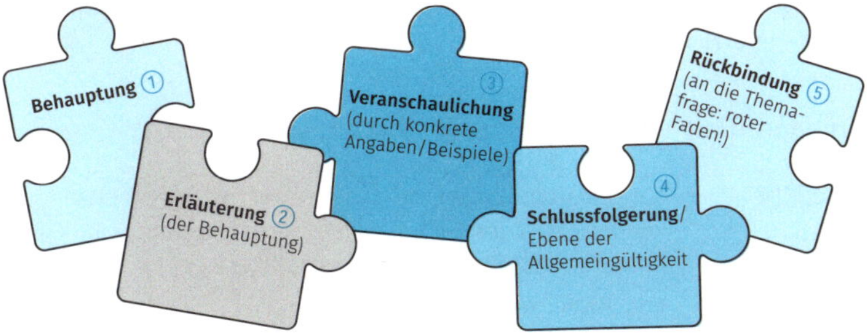

Ein Beispiel für ein aus diesen Elementen aufgebautes Argument könnte so lauten:

These: Smartphoneverbot während der Unterrichtszeiten beibehalten

Argument: Einbuße an Unterrichtsqualität durch Smartphonenutzung höher als der Nutzen

Auch in anderer Hinsicht wäre es ratsam, künftig am strikten Smartphoneverbot im Unterricht festzuhalten. ① Damit ist gemeint, dass während der Unterrichtszeiten angeschaltete Mobiltelefone mitgeführt werden. Eine anderweitige Regelung für die Pausen oder das Schulgelände an sich ist hiervon unbenommen. ② Von Smartphonebefürwortern wird immer wieder ins Feld geführt, die Digitalisierung der Schulen schreite so langsam voran, dass es zwischendurch notwendig sei, die Schüler im Unterricht auf ihren Geräten selbst etwas recherchieren zu lassen. Tatsächlich muss dabei aber festgestellt werden, dass die Qualität dieser Recherche auf dem Handy kaum so groß sein kann, dass die Lehrkraft, falls im Klassenzimmer wirklich kein PC bereitsteht, diese Information nicht auch selbst beisteuern könnte. Der Zeitverlust ist hierbei wesentlich geringer und man könnte sich substanzielleren Lernvorgängen widmen. Die Wahrscheinlichkeit, dass Schüler auf den Recherche-Auftrag per Mobiltelefon hin auch andere Inhalte wie Kurznachrichten überprüfen und sich damit vom Unterrichtsgeschehen abwenden, ist durchaus hoch. ③ In diesem Fall wäre dem Unterrichtserfolg damit eher geschadet, ④ weshalb auch vor diesem Hintergrund das Smartphone keine Daseinsberechtigung im Unterricht hat. ⑤

Grundprinzipien der überzeugenden Darstellung

Logik	Kausalverbindungen müssen so klar herausgearbeitet werden, dass der Gedankengang nachvollziehbar und immer wieder überprüfbar und gültig ist.
Allgemeingültigkeit	Das jeweilige Argument muss für einen möglichst großen Teil der Adressaten relevant sein (Z. B.: Jugendliche/Schüler, Smartphone-Nutzer, Arbeitnehmer, Supermarktkonsumenten).
Sachlichkeit	Obwohl man sich als Verfasser positioniert, muss sachliche Distanz – vor allem auch sprachlich – zum Thema vorliegen. Andernfalls entsteht der Eindruck, man verfolge mit seiner Argumentation eigene Interessen, was dem Prinzip der Allgemeingültigkeit widerspricht.

Häufige Fehlerquellen

Widersprüchlichkeit	Für und Wider desselben Aspekts werden (sprachlich) zu wenig voneinander differenziert → gegenseitige Aufhebung.
Unpassende Analogien	Übertreibung bei den Beispielen, z. B. Upload-Filter zum Schutz von Urhebern bzw. Verbrechensopfern als Zensur-Instrumente von Terrorregimen darstellen. → Fehlende Differenzierung bewirkt fehlende Sachlichkeit.
Pauschalisierungen	Gleichsetzung von Unterschiedlichem oder Individuellem, z. B.: „das Doping der Olympiateilnehmer", „die schaulustigen Passanten": impliziert, dass alle gemeint sind → Falschaussage für alle nicht Betroffenen.
Fehlende Anschaulichkeit	Themen, die nicht jedem gleich geläufig sind, erreichen ihren Adressaten nicht, er kann sich kein Bild davon machen → Argument ohne Wirkung.
Mangelnde Sachkenntnis	Folgen: Falschaussagen, bzw. fehlende Anschaulichkeit → Finger weg von Erörterungsthemen, zu denen man zu wenig weiß!
Fehlende Allgemeingültigkeit	Der Adressat fühlt sich vom gewählten Beispiel nicht betroffen → man verliert ihn für das Thema.

Texterörterung/literarische Erörterung

Erörterungsaufgaben können im Anschluss an Sachtexte oder an literarische Texte erfolgen und haben zumeist eine Analyse des Vorlagetextes zur Grundlage. Folgende Teilaufträge können hierbei vorkommen:

Literarische Erörterung	Sachtexterörterung
Benenner der Textsorte, ggf. Situierung des Auszuges	Klärung der Textsorte
inhaltliche Zusammenfassung der Texthandlung, nach Sinnabschnitten	inhaltliche Zusammenfassung in Sinnabschnitten, Herausarbeiten des Argumentationsverlaufs
Herausarbeiten des Grundkonflikts	Benennen der Textintention
tragende sprachliche und ggf. formale Gestaltungsmittel	tragende sprachliche Gestaltungsmittel
Interpretation	Formulieren der Position des Textes/Verfassers

Folgende Erörterungsaufträge können sich daran anschließen:

Literarische Erörterung	Sachtexterörterung
Diskussion der epochentypischen Gestaltung einer Figur, eines Motivs, eines Konfliktausgangs	ausgehend von der Position des Vorlagetextes Diskussion zu Fragen wie:
Diskussion eines beigegebenen Interpretationsansatzes	Sprache/Sprachkritik/Sprachwandel/Sprachverhalten
Vergleich von Standpunkten in unterschiedlichen literarischen Werken	Literaturbetrieb/Leseverhalten
Vergleich der Umsetzung von Motiven in unterschiedlichen literarischen Werken	Journalismus/Pressefreiheit
	Mediennutzung
	Gesellschaftsethik

ERÖRTERN — Checkliste

Sichern Sie Ihre Kenntnisse für Erörterungsaufgaben, indem Sie folgende Aspekte für sich klären:

- Welches Ziel verfolgt das Erörtern?
- In welchem Verhältnis stehen Erörtern und Argumentieren zueinander?
- Was unterscheidet das Erörtern z. B. vom Leserbrief?
- Welche Grundsätze erfüllt das „Zwar-Aber-Prinzip"?
- Unterscheiden Sie den Aufbau von linearem und antithetischem/dialektischem Erörtern.
- Welche Fragen können Ihnen helfen, das Kernproblem zu erfassen?
- Wie funktionieren die Prinzipien „Nominaldefinition" und „Realdefinition" bei der Begriffsklärung?
- Welches sind geeignete Wege, um Argumente zusammenzutragen?
- Wie kommt man zu einer differenzierten eigenen Position?
- Welches sind die Bestandteile eines schlüssigen Arguments?
- Welches sind die Grundprinzipien einer überzeugenden Darstellung?
- Machen Sie sich mögliche Fehlerquellen beim Argumentieren bewusst.

Freiere Formen des Argumentierens

Besonders im journalistischen bzw. publizistischen Bereich existieren Textsorten, die in der Art der Gedankenführung freier vorgehen als die klassische Erörterung. Zusätzlich zum Informieren und zur Meinungsbildung verfolgen sie manchmal noch die Intention des Unterhaltens.

Häufige argumentierende Textsorten

Rede

- klare Situierung, klare Rolle des Redners, eindeutige Adressatengruppe
- antithetisch oder linear, aber nicht zwangsläufig geradlinige Gedankenführung: Exkurse möglich
- rhetorische Gestaltung hat besonderen Stellenwert, da:
- mündlicher Vortrag eigentliches Ziel

Leserbrief

- knapp umrissenes, eher punktuelles Thema
- klare Situierung, klare Position des Verfassers, uneinheitliche Lesergruppe
- antithetisch oder linear
- rhetorische Gestaltung möglich
- Überzeugung der Adressaten im Vordergrund
- Angabe des Verfassernamens und ggf. der Adresse

Statement/Debattenbeitrag

- mündlicher Beitrag zu einer laufenden Debatte
- Gedankenführung antithetisch oder linear
- zusätzlich Flexibilität für Eingehen auf fremde Beiträge
- Sachlichkeit, weniger rhetorische Gestaltung
- Überzeugung der Adressaten im Vordergrund

Kommentar

- punktgenauer, bewertender Beitrag zu einem aktuellen Thema in der öffentlichen Diskussion
- neben Informieren und Meinungsbildung auch in knappem Umfang Unterhalten als Intention

- antithetisch oder linear: setzt sich mit unterschiedlichen Positionen auseinander
- analysiert und erklärt Hintergründe
- sachlich, nicht subjektiv
- Angabe des Verfassernamens: trägt die Verantwortung für die Äußerungen des Textes

Essay

- umfangreicherer Beitrag zu einer aktuellen Streitfrage: meist komplexere, ethisch höher stehende Themen (andere Zielsetzungen im wissenschaftlichen Essay)
- geistreiche Abhandlung im Umfang von einigen hundert Wörtern bis hin zu einem ganzen Buch
- Gedankenführung nicht geradlinig, sondern in Exkursen, die einen weiten Horizont des Themas abstecken; dabei ohne Anspruch auf Vollständigkeit aller relevanten Aspekte
- deutlich subjektive Haltung des Verfassers
- Informieren, Meinungsbildung, Unterhalten
- besonderes Gewicht auf der rhetorischen Gestaltung: Pointierung, Analogie, Ironie, Polemik, Stilmittel etc.
- besonderer schriftstellerischer und ästhetischer Anspruch

Achtung: Diese Textsorten können auch in Aufgabenstellungen des materialgestützten Schreibens verlangt sein. (Vgl. Kapitel „Materialgestütztes Schreiben“)

FREIERE FORMEN DES ARGUMENTIERENS — Checkliste

Überprüfen Sie Ihre Kenntnisse von den freieren Formen des Argumentierens, indem Sie sich folgende Aspekte klarmachen:

→ Machen Sie sich die Kennzeichen folgender Textsorten bewusst: Rede, Statement, Leserbrief, Kommentar, Essay
→ Welche der der Textsorten haben einen vor allem sachlich-argumentativen Anspruch?
→ Welche der Textsorten gehen in ihrer Argumentation auch subjektiv oder sogar unterhaltend vor?

MATERIALGESTÜTZTES SCHREIBEN

Grundsätzliches

ZENTRALE BEGRIFFE

Das materialgestützte Schreiben zielt je nach Aufgabenstellung auf das Verfassen **informierender oder argumentierender Texte** ab. Informierendes Schreiben liefert nach **Auswertung** und **Reorganisation der beigegebenen Informationen** aus dem Materialteil einen auf die jeweilige Fragestellung zugeschnittenen **Sachtext**.
Argumentierende Texte – in der Regel Kommentar, Leserbrief, Essay – verfahren bei der Auswertung des Materialteils genauso, doch tragen sie zur **Meinungsbildung des Rezipienten** bei. Hierbei ist zu beachten: Natürlich sind auch meinungsbildende Texte zu einem großen Anteil informierend. Das ist notwendig, um überzeugend zu agieren und Positionen zu untermauern.
Die zugrundeliegenden Materialien können eine Mischung aus **kontinuierlichen** (Darstellungen im Fließtext) und **diskontinuierlichen** Texten (z. B. Tabellen, Grafiken, Statistiken, Karikaturen, Abbildungen) sein.

Anforderungen

Der Anspruch an das materialgestützte Schreiben bezieht sich auf den kompetenten Umgang mit Informationen unterschiedlicher Art. Diese müssen auf eine bestimmte Fragestellung hin neu angeordnet werden (Reorganisation). Dabei sind folgende Kompetenzen gefragt:

Kompetenzen	Erläuterung
sinn- und sachgerechtes Erfassen der Ausgangsmaterialien	Inhalte richtig verstehen, Wesentliches und Nebensächliches Unterscheiden

Kompetenzen	Erläuterung
Fähigkeit zur Quellenkritik	Blick auf den Urheber der jeweiligen Quelle und seine Intention sowie die Darstellungsweise, z. B.: Welche Wirkungsabsicht verfolgt die Karikatur? Zu welchen Ergebnissen kommt das Diagramm? Wer hat die Statistik in Auftrag gegeben?
Verständnis der Aufgabenstellung und ihrer Zielsetzung	Welches Thema soll ich behandeln? Soll ich informieren oder argumentieren?
Herstellung des Adressatenbezugs	Wer ist der Adressat? Welche Vorinformationen könnte er bereits haben? Welche Informationen sind für ihn zusätzlich wichtig? Wie erreicht man bei ihm das Ziel der Aufgabenstellung?
eigenständiges Finden passender Gliederungsaspekte für den zu verfassenden Text	Abstrahieren der Gesamtthematik und Herstellen einer neuen immanenten (inneren) Struktur: Ober- bzw. Unterpunkte
Zuordnung der zuvor exzerpierten Informationen zu diesen Gliederungspunkten	Wichtig: sprachliche Kennzeichnung von übernommenen Informationen (Zitieren, Quellenangabe)!
angemessenes Verhältnis zwischen vorgefundenen und selbst hervorgebrachten Inhalten	nicht ausschließlich die Informationen aus den Vorlagetexten verwenden, sondern sie zur Grundlage der eigenen Darstellung machen
inhaltliche und sprachliche Verdichtung auf den vorgegebenen Textumfang hin	auf den Punkt hin formulieren, nicht ausufern oder zu knapp bleiben
sprachliche Gestaltung entsprechend der verlangten Textsorte	sachliche Darstellung bei informierenden Textsorten, gezielte rhetorische Gestaltung bei argumentierenden Texten, z. B. Rede, Essay

Häufig verlangte Textsorten

Im Aufgabenformat des materialgestützten Schreibens können bei den informierenden Texten Lexikoneinträge, Einführungsvorträge und Informationstexte unterschiedlicher Art verlangt sein.

Bei den argumentierenden Texten kommen häufig Leserbrief, Kommentar, Statement, Rede oder Essay vor. Eine Übersicht über deren wesentliche Kennzeichen finden Sie am Ende des Kapitels „Erörtern/Argumentieren".

Konkrete Arbeitschritte

Anhand einer konkreten Aufgabenstellung soll die Herangehensweise an das materialgestützte Schreiben skizziert werden.

a) Aufgabenbeispiel zum informierenden Schreiben:
Im Rahmen der Wissenschaftswoche an Ihrer Schule hat sich Ihr Deutschkurs mit den Chancen und Grenzen der Naturwissenschaft auseinandergesetzt, wie sie in Johann Wolfgang von Goethes Drama „Faust. Der Tragödie Erster Teil" thematisiert werden. Am Ende der Woche findet ein Präsentationsabend statt, zu dem Schüler, Familienangehörige und Lehrkräfte eingeladen sind.

Verfassen Sie für das Begleitheft einen Beitrag, der die Figur des Wissenschaftlers Faust als Vertreter seiner Berufsgruppe herausstellt.

Nutzen Sie dazu die beigegebenen Materialien sowie eigene Kenntnisse.

b) Aufgabenbeispiel zum argumentierenden Schreiben:
Im Rahmen der Wissenschaftswoche an Ihrer Schule hat sich Ihr Deutschkurs mit den Chancen und Grenzen der Naturwissenschaft auseinandergesetzt, wie sie in Johann Wolfgang von Goethes Drama „Faust. Der Tragödie Erster Teil" thematisiert werden. Am Ende der Woche findet ein Präsentationsabend statt, zu dem Schüler, Familienangehörige und Lehrkräfte eingeladen sind.

Als Vertreter/in der Geisteswissenschaften halten Sie den Eröffnungsvortrag zum Präsentationsabend. Beziehen Sie sich in Ihrer Rede auf fachliche sowie auf ethische Aspekte der Wissenschaftlerfigur Faust.

Nutzen Sie dazu die beigegebenen Materialien sowie eigene Kenntnisse.

Folgendes Vorgehen ermöglicht Ihnen einen sachgerechten Umgang mit dem Thema:

Aufgabenstellung erfassen

Das komplexe Gefüge aus unterschiedlichen Vorgaben und Teilanforderungen muss zunächst entwirrt und identifiziert werden.

- Beispiel a): informierendes Schreiben

→ Situierung: Wissenschaftswoche an der Schule

→ mein Fokus: Chancen und Grenzen der Naturwissenschaft in „Faust I", Deutschkurs

→ Plattform: Präsentationsabend mit Schülern, Familie, Lehrern (= Adressaten)

→ Schreibauftrag: **Information im Begleitheft** zu Faust als Wissenschaftler

→ Informationen aus Begleitmaterialien und eigene Kenntnisse

- Beispiel b): argumentierendes Schreiben

→ Situierung: Wissenschaftswoche an der Schule

→ mein Fokus: Chancen und Grenzen der Naturwissenschaft in „Faust I", Deutschkurs

→ Plattform: Präsentationsabend mit Schülern, Familie, Lehrern (= Adressaten)

→ Schreibauftrag: **Rede** zur Einführung in den Abend, aus dem Blickwinkel der Geisteswissenschaft, fachliche und ethische Aspekte im Tun des Wissenschaftlers Faust

→ Rede auf Basis der Begleitmaterialien und eigener Kenntnisse

→ Adressatenbezug

→ rhetorische Gestaltung: Anrede, Einleitung, Stilmittel, Verabschiedung

Auswertung der Materialien

Ein exaktes Verständnis vom Arbeitsauftrag (siehe oben) ist notwendig, um nun mit dem richtigen Filter an die Textquellen zu gehen.

Hier ist eine sehr gründliche und auch zeitlich umfangreiche Vorarbeit notwendig.

→ Welches ist das Thema des jeweiligen Materials? Welches die Kernaussage?

→ Quellenkritik: Wer ist der Verfasser des jeweiligen Materials? Welche Intention verfolgt die Quelle? Mit welchen Mitteln geht sie vor?

→ Welche Informationen sind für meine Aufgabenstellung relevant?

Abi Tipp

KOMPLEXE INFORMATIONEN ENTWIRREN

Die schwierigsten Anforderungen dieser Aufsatzart sind die Abstraktion der Informationen und deren Reorganisation. Auf keinen Fall dürfen die Gliederungspunkte des zu verfassenden Textes einfach nur nacheinander die Kernaussagen der jeweiligen Materialquellen abbilden. Um dies angemessen umzusetzen, bietet sich folgendes Vorgehen an:

- alle Materialquellen lesen und mit Bleistift Unterstreichungen bzw. Kommentierungen vornehmen
- Gliederungspunkte des eigenen Aufsatzes auf einem Notizblatt formulieren (Platz dazwischen lassen oder Mindmap-Struktur anlegen)
- Gliederungspunkte in unterschiedlichen Farben kennzeichnen
- mit diesen Farben die Unterstreichungen in allen Texten markieren, je nach Gliederungspunkt, zu dem sie passen
- Es entsteht ein buntes Gefüge, das eine Neustrukturierung der Ausgangsinformationen erkennen lässt.
- Stoffsammlung stichpunktartig in Ober- und Unterpunkten zusammenschreiben
- Wichtig: jetzt eigene Formulierungen! Nicht die Formulierungen aus den Vorlagetexten übernehmen.

Einbeziehen von eigenem Wissen

In der Regel beziehen sich die Aufgabenstellungen des materialgestützten Schreibens auf die sogenannten „Domänenthemen“:

Sprache, Literaturbetrieb, Kultur, Medien o.ä. Diese werden entsprechend den Lehrplänen auch im Unterricht behandelt mit dem Ziel, Schülern eigene Kenntnisse und Positionierungen zu diesen Themen zu ermöglichen. Aus diesem Wissen oder dem früherer Jahrgangsstufen bzw. eigenen Erfahrungen sollte man nun eigene Informationen zur Stoffsammlung ergänzen.
(Vgl. Tipp oben: im vorliegenden Schritt in die Gliederung bzw. Mindmap einfügen)

Ausformulieren

Bei der Abfassung des eigenen Textes sind nun folgende Aspekte zu berücksichtigen:

- genaues Thema der Aufgabenstellung
- Situierung und Adressatenbezug
- Textsorte mit ihren spezifischen inhaltlichen sowie sprachlichen Gestaltungsmerkmalen
- geforderter Textumfang
- wirkungsvolle Einleitung, zweckmäßiger Schluss

Übernahme von Inhalten/Zitieren

Unumstößliches Grundprinzip seriöser Darstellung in Wissenschaft und Journalismus, worauf diese Aufsatzart letztlich abzielt, ist die Kennzeichnung von fremden Wissensinhalten. Es muss im Aufsatz klar sein, welche Informationen aus dem Materialteil bezogen wurden und welches die eigenen Kenntnisse und Überlegungen sind.

Folgende Formulierungen eignen sich zu einem transparenten Umgang:

→ *Laut der Journalistin xy sei schon jetzt zu beobachten, dass...* (Mat. xy) → Indirekte Rede

→ *Wie es bereits der Bundespräsident formulierte, verhielt sich immer noch eine genügende Anzahl an Bürgern...* (Mat. xy) → indirekte Rede

→ *Entsprechend der Forderung des Pädagogikprofessors sollen also bereits Grundschüler...* (Mat. xy) → Indikativ

→ *Deutlich wird die Neurolinguistin in diesem Punkt: „Wir brauchen nachhaltigere...“* (Mat. xy) → wörtliche Rede

Ob man jeweils zusätzlich auf die dazugehörige Materialquelle verweist, wird in den Abiturbestimmungen der Bundesländer unterschiedlich gehandhabt. Sie sollten sich in Ihrem Deutschunterricht hierüber informieren.

Abi Tipp

ÜBERARBEITEN IST UNERLÄSSLICH!

Nahezu niemand kann handschriftlich im ersten Schwung einen abgabereifen Text produzieren. Daher ist die Überarbeitung des eigenen Textes genauso wichtig wie das Verfassen.

In der Oberstufe ist es wegen der Länge der Aufsätze zeitlich meist nicht möglich, nach der Abfassung eine „Reinschrift" zu erstellen. Daher kann es sein, dass Sie im endgültigen Text Passagen umstellen oder Einfügungen bzw. Streichungen vornehmen wollen. Oberstes Prinzip ist hierbei das leserliche Erscheinungsbild.

- Streichungen mit Lineal! Keine „Misthaufen" auf dem zu streichenden Wort!
- Einfügungen nicht zwischen die beschriebenen Zeilen quetschen, auch nicht auf den Korrekturrand, sondern mit Sternchen oder Fußnote am Seitenende.
- Längere oder mehrere Passagen einfügen: mit Sternchen oder Fußnote am Ende des Aufsatzes oder auf einem Extrablatt.
- Auf eindeutige Zuordnungen achten: Ziffern oder Symbole nicht mehrfach vergeben, auch keine vergessen.

Wenn der Aufsatz sich nur mühsam lesen lässt, weil der Korrektor Einfügungen oder Anschlüsse suchen muss, beeinträchtigt dies die Sinnentnahme und damit die Aussagekraft. Dies kann sich in der Benotung niederschlagen!

MATERIALGESTÜTZTES SCHREIBEN — Checkliste

Sichern Sie Ihre Kenntnisse vom materialgestützten Schreiben, in dem Sie folgende Aspekte für sich klären:

→ Was ist mit Reorganisation von Informationen gemeint?
→ Was unterscheidet kontinuierliche und diskontinuierliche Texte?
→ Was bedeutet Quellenkritik?
→ Wie stellt man Adressatenbezug her?
→ In welchem Verhältnis stehen idealerweise vorgefundenes und eigenes Wissen im eigenen Text?
→ Wie geht man im Sinne der Transparenz mit fremdem Wissen/vorgefundenen Informationen aus den Quellenmaterialien um?
→ Welche Textsorten können beim informierenden Schreiben verlangt sein, welche beim argumentierenden Schreiben?

STICHWORTVERZEICHNIS